HR 2010
CHINA

中国城市住宅发展报告
The Annual Report on Urban Housing Development in China

主编 邓卫 张杰 庄惟敏
EDITED BY DENG WEI, ZHANG JIE, ZHUANG WEIMIN

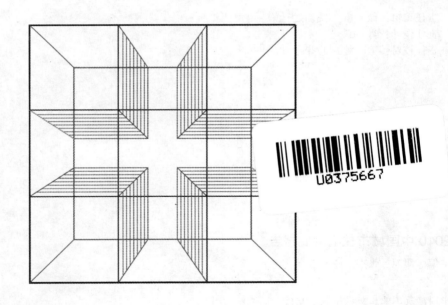

中国建筑工业出版社

图书在版编目（CIP）数据

2010中国城市住宅发展报告/邓卫，张杰，庄惟敏主编．—北京：中国建筑工业出版社，2010.12
ISBN 978-7-112-12665-1

Ⅰ.①2… Ⅱ.①邓…②张…③庄… Ⅲ.①城市-住宅-房地产业-经济发展-研究报告-中国-2010 Ⅳ.①F299.233.5

中国版本图书馆CIP数据核字（2010）第228033号

本书对2009年中国城市住宅开发建设、配置流通等各领域的实况与动态予以全面、客观的介绍和分析。全书共分七章，主要内容包括：2009年中国城市住宅发展概况；城市住房供应与住房状况，包括住房存量与增量、保障性住房建设、住房投资、住房金融与住宅用地；住房需求与一手住房、二手住房和租赁住房市场；重大事件对城市住宅发展的影响，高速铁路建设与住宅发展，国家重点发展区域的住宅发展；2009年商品住房政策盘点和保障性住房政策发展；绿色建筑评价标识、廉租房规划建设标准、容积率问题专项治理、灾后重建住房标准；展望与挑战。

本书的主要特点在于：主要以国家统计局、住房和城乡建设部等政府部门发布的权威统计数据为基础进行科学分析，从实证的角度反映2009年全国城市住宅的发展状况，数据翔实、图表丰富、行文简明、语言朴实、表述明了，是从事住宅规划设计和开发建设工作者可参考借鉴的工具书。

本书适合建筑学、城市规划、城市管理、城市经济、住宅经济和住房政策领域的理论与实践工作者、大专院校师生以及对住房问题感兴趣的普通公众读者阅读。

责任编辑：徐　冉　陆新之
责任设计：肖　剑
责任校对：王　颖　王雪竹

2010中国城市住宅发展报告

主编　邓卫　张杰　庄惟敏

*

中国建筑工业出版社出版、发行（北京西郊百万庄）
各地新华书店、建筑书店经销
北京嘉泰利德公司制版
北京云浩印刷有限责任公司印刷

*

开本：850×1168毫米　1/16　印张：6$\frac{1}{4}$　字数：180千字
2010年12月第一版　2010年12月第一次印刷
定价：28.00元
ISBN 978-7-112-12665-1
（19952）

版权所有　翻印必究
如有印装质量问题，可寄本社退换
（邮政编码100037）

主要编写人员

邓　卫　　教　授　　清华大学建筑学院
张　杰　　教　授　　清华大学建筑学院
庄惟敏　　教　授　　清华大学建筑设计研究院
梁航琳　　博士后　　清华大学建筑学院
卫　欣　　博士后　　清华大学建筑学院
张　维　　博　士　　清华大学建筑设计研究院
焦　杨　　博　士　　清华大学建筑学院

目 录

第一章 概述 ··· 1

第二章 城市住房供应与住房状况 ·· 3
  2.1 住房存量与增量 ·· 3
  2.2 保障性住房投资建设 ·· 6
    2.2.1 保障性住房用地供应 ·· 6
    2.2.2 保障性住房投资 ·· 6
    2.2.3 保障性住房建设 ·· 7
    2.2.4 棚户区改造建设 ·· 8
  2.3 住房投资与住房金融 ·· 8
    2.3.1 住房开发投资 ··· 9
    2.3.2 开发投资资金来源 ·· 11
    2.3.3 商业性个人住房贷款 ·· 12
    2.3.4 住房公积金贷款 ·· 12
    2.3.5 房地产信托 ··· 13
    2.3.6 房地产上市公司 ·· 14
  2.4 住宅用地 ·· 14
    2.4.1 土地供应量 ··· 14
    2.4.2 土地出让金 ··· 15
    2.4.3 土地购置与开发 ·· 17
    2.4.4 土地购置费 ··· 21
    2.4.5 土地交易价格 ··· 23
    专题：重点城市住宅用地交易情况 ·· 24
    专题："地王"现象 ··· 30

第三章 住房需求与住房市场 ··· 32
  3.1 住房需求 ·· 32
    3.1.1 经济发展及收入水平 ·· 32
    3.1.2 人口与家庭结构 ·· 32
    3.1.3 使用需求与投资需求 ·· 33
  3.2 住房市场 ·· 34
    3.2.1 一手住房市场 ··· 34

专题：2009年重点城市一手住房市场分析 ········· 38
　　　专题：股市与楼市 ········· 49
　　　专题：车市与楼市 ········· 50
　　3.2.2 二手住房市场 ········· 50
　　　专题：北京二手住房市场分析 ········· 53
　　3.2.3 租赁住房市场 ········· 58

第四章　住宅与城市发展 ········· 61
　4.1 重大事件对城市住宅发展的影响 ········· 61
　　4.1.1 2008年奥运会与北京住宅发展 ········· 61
　　4.1.2 2010年世博会与上海住区发展 ········· 63
　　4.1.3 2009年全运会与济南住区发展 ········· 64
　4.2 国家重点建设区域及高速铁路对住宅发展的影响 ········· 66
　　4.2.1 天津滨海新区建设对住宅发展的影响 ········· 66
　　4.2.2 海峡西岸经济区的建设对住宅发展的影响 ········· 67
　　4.2.3 高速铁路及高铁站对城市住宅发展的影响 ········· 69

第五章　住房政策 ········· 73
　5.1 2009年住房政策盘点 ········· 73
　　5.1.1 2009年住房政策汇总 ········· 73
　　5.1.2 救市政策的演化和终结 ········· 75
　5.2 保障性住房政策发展 ········· 75
　　5.2.1 挖掘住房公积金潜力 ········· 75
　　5.2.2 廉租住房政策的深化 ········· 77
　　5.2.3 公共租赁房政策的提出 ········· 78
　5.3 小产权房 ········· 79
　　5.3.1 小产权房的由来及发展 ········· 79
　　5.3.2 若干城市小产权房概况 ········· 79
　　5.3.3 解决小产权房难题的政策之惑 ········· 80
　5.4 二套房贷 ········· 81
　　5.4.1 房贷首付调整历程 ········· 81
　　5.4.2 二套房贷收紧的政策效果 ········· 82
　　5.4.3 二套房贷政策取向 ········· 83

第六章　住宅与技术 ········· 85
　6.1 住宅与法规 ········· 85
　　6.1.1 绿色建筑评价标识 ········· 85
　　6.1.2 容积率专题 ········· 85
　6.2 住宅与设计 ········· 86

  6.2.1 廉租房保障标准 ·· 86
  6.2.2 灾后重建住宅建设标准 ·· 87
 6.3 住宅建造生产 ··· 87
  6.3.1 住宅工程建设与质量过程控制 ··· 87
  6.3.2 中国住博会 ·· 88
  6.3.3 住宅建筑节能与供暖计量改革 ··· 89

第七章 展望与挑战 ·· 90
 7.1 住宅建设展望 ··· 90
  7.1.1 住宅供应与需求 ·· 90
  7.1.2 住房市场 ·· 90
  7.1.3 住宅技术 ·· 92
 7.2 住房政策前瞻 ··· 92
  7.2.1 政策性住房建设将加快 ·· 92
  7.2.2 住房市场调控 ··· 93
  7.2.3 住房价格将进一步受到适当抑制 ·· 93

参考文献 ·· 94

第一章 概述

本报告主要研究2009年中国城市住宅发展概况和热点问题。

2009年,为了应对国际金融危机的不利影响,我国政府开始进行政策转向,采取积极的扩张性财政政策、宽松的货币政策、全面回调的贸易政策以及十大产业振兴计划和政府4万亿经济刺激计划,中国的宏观经济发生了一些可喜的变化。2009年,我国实现国内生产总值同比增长9.1%,实现经济形势全球率先总体回升向好。

2009年,中国住房市场在经历了上一年度的深度调整期后,开始恢复上行。根据国家统计局数据,2009年我国国房景气指数连续上升,各项指标也出现回升态势。在住房建设投资方面,2009年全国房地产开发投资增速逐月回升,但仍低于近年来平均水平;2009年商品住宅施工面积和竣工面积均比2008年有所增加;2009年也是我国保障性安居工程建设规模最大、投资最多的一年。在住房金融方面,商业性房地产贷款余额快速增长,但增长结构存在差异;我国住房公积金覆盖率不断提高,已成为居民购房的主要融资渠道;2009年中央银行对房地产贷款的多项优惠政策吸引了大部分的地产、物业类企业,因此房地产信托发行数量、募集资金大幅下降;在信贷支持、政策宽松的背景下,2009年房地产上市公司总资产、总市值大幅上涨。在土地市场上,2009年土地市场出现回暖,土地供应总量、土地出让金大幅增长,各大城市土地交易活跃,纷纷出现"抢地"现象,总价"地王"和单价"地王"的纪录不断被刷新,许多国有大型房地产企业成为"地王"的主力。2009年住房市场需求旺盛,新建商品住宅销售面积大幅增加,销售价格由降转升,涨幅快速增加;2009年房地产宏观调控旨在鼓励住房消费,多项税费优惠政策为二手房市场的运行创造了良好的政策环境,二手房市场交易量大幅增长,价格回升显著;住房租赁市场总体上也保持回升趋势,成交量和租金水平回升,但租金回报率较低。

2009年,我国克服世界经济危机的影响,成为率先实现经济增长回升的主要经济体,住房建设也从2008年的调整与回落走向复苏。北京奥运会的成功举行不仅提升了中国的国际形象,也使北京的基础设施建设进一步加强,并因此带动了住宅建设的加速。同时,济南成功举行全运会和上海筹办世博会也分别对济南和上海这两个城市住宅建设的发展有较大的推动作用。重大节事的运作已经成为城市发展的一个重要战略和手段,在很大程度上提升了举办城市的知名度,相关城市也借此机会完善城市基础设施。节事场馆周边的住宅产品也因此而获得了价格上的持续上涨,并且带动了所在区域的城市建设与发展。在未来的十年内,我国将基本建成主要的高速铁路网络,交通方式的改善也必将对城市住宅产业的发展造成深远的影响。被高速铁路连接起来的城市,住宅建设将进一步发展,高速铁路车站的站前经济区将迎来中高档公寓的建设高潮。天津滨海新区和海峡西岸经济区是近年来国家新设立的重点发展区域,相关优惠政策的实施带动了所在区域经济的发展和社会的进步。这些区域的住宅建设与发展也随着整体经济的提升而上了一个新台阶,住房价格明显上升,住房建设规模进一步扩大。并且,在此基础上,试点实行了一些有地方特色的住房建设新政策,如天津滨海新区的住房信贷银行、厦门出台的我国首部地方性住房保障法规等。

国家刺激经济复苏措施的出台导致了2009年上半年房价的飞涨，年初，土地、金融和房地产的相关政策都体现对住房市场的刺激，表达了中央促进住房市场尽快恢复的要求。从4月开始，以大型央企为代表的一些主要房地产开发企业开始着手在全国范围内竞买土地，"地王"的地价纪录不断被刷新。为此，政府加大了土地的供应，同时加强了对土地市场的规范和监控。接下来，中央从2008年年底开始实施的拯救住房市场的政策逐步演化为对住房市场的严格调控。2009年中，保障性住房的发展被提到了一个前所未有的高度。2009年5月13日，国土资源部发布《国土资源部关于切实落实保障性安居工程用地的通知》，要求重点抓好城市廉租住房和林区、垦区、矿区棚户区改造，以加快编制和修编2010~2011年和2009年保障性住房用地供应计划，扩大民生用地的比例，确保保障性住房用地的需求。2009年12月14日召开的国务院常务会议研究完善促进房地产市场健康发展的政策措施。为了抑制一些城市房价的过快上涨，会议提出加快保障性住房建设，增加普通商品住房的有效供给；继续支持居民自住和改善型住房消费，抑制投资投机性购房，继续大规模推进保障性安居工程建设。住房公积金被进一步开发利用，廉租房建设计划细化到每一个城市，主要城市均推出了公共租赁住房。同时，中央对小产权房的无序扩张更加重视，明令禁止新建小产权房，并加紧了处理既有小产权房政策的制定。为了严格调控住房市场，史上最严厉的二套房贷政策颁布，显示了中央抑制房价上涨的决心。

2009年，在住宅技术与法规方面，为贯彻落实《国务院关于印发节能减排综合性工作方案的通知》精神，充分发挥和调动各地发展绿色建筑的积极性，绿色建筑评价标识得到了住房和城乡建设部的大力推进，住房和城乡建设部要求各地按照《绿色建筑评价标识管理办法》等相关规定和要求，开展各地范围内的一、二星级绿色建筑评价标识工作。此外，住房和城乡建设部、监察部决定针对房地产开发中违规变更规划、调整容积率等问题开展专项治理，并于2009年4月29日下达《关于对房地产开发中违规变更规划、调整容积率问题开展专项治理的通知》（建规[2009]53号），各地先后发布《容积率指标计算规则》，在鼓励地下空间利用的同时也规范建筑设计行为。2009年，廉租房的保障方式和保障标准有了新发展，5月22日住房和城乡建设部、国家发改委、财政部印发关于《2009—2011年廉租住房保障规划》要求新建廉租住房采用统一集中建设和在经济适用住房、普通商品住房、棚户区改造项目中配建两种方式，以配建方式为主。按照住房和城乡建设部等三部委《2009—2011年廉租住房保障规划》，三年内全国将新建廉租住房518万套，具体到2009年为新增廉租住房房源177万套。针对灾后重建问题，住房和城乡建设部就灾后重建住房的面积、环境配套、抗震、建筑及小区的风貌特征、金融支持等提出了建设标准。就住宅工程建设与质量过程管理控制问题，住房和城乡建设部指出要进一步加强建筑工程安全质量监督管理，强化监督检查。在建筑节能产品推广上，2009年第八届中国国际住宅产业博览会以"省地节能环保、共筑明日之家"为主题，围绕建设省地节能环保型住宅的核心技术，搭建展示、交流、交易的平台，积极推广"四节一环保"的相关技术和产品，以带动住宅品质和性能的提升，推进住房建设和消费模式的转型。在建筑供热节能方面，住房和城乡建设部提出要进一步统一思想，充分认识供热计量改革在国家节能减排战略中的重要地位和作用。要明确工作重点，把供热计量改革作为今后一个时期促进建筑节能的中心环节，尽快制订推进供热计量改革的方案和措施。

第二章 城市住房供应与住房状况

2.1 住房存量与增量

住房包括存量住房和增量住房两部分。所谓存量住房是指已被个人购买或自建并取得所有权证书的住房，一般是二手房。根据目前最新统计数据，2008年年末我国城镇实有住宅建筑面积127.37亿平方米，比2007年年末增加7.6亿平方米，增长了6.3%，增长率比2007年年末上涨0.3个百分点。从近10年的情况来看，住房存量逐年增长，但增长率起伏较大（图2-1）。

从住房存量的地区结构来看，2008年年末，东部地区[1]实有城镇住宅建筑面积56.80亿平方米，中部地区31.75亿平方米，西部地区24.34亿平方米，分别占全国城镇住宅建筑面积的50%、28%和22%。由此可见，东部地区住房存量占了全国住房存量的半壁江山，中、西部地区平分秋色且中部地区略胜一筹。

增量住房是相对于存量住房而言的，增量住房是指一定时间内新建的住房。住房增量用当年的竣工面积来表示。2009年全国商品住宅竣工面积5.77亿平方米，比2008年增长9944万平方米，增长了6.2%，增长率比2008年上涨10.4个百分点（图2-2）。从图2-2中也可以看出，近5年我国商品住宅竣工面积增长率起伏较大，在2006年和2008年出现负增长，2007年和2009年增长率回升为正，但都不及2005年。

施工面积（含新开工面积）表示未来2~3年的住宅增量。2009年全国商品住宅施工面积25.1亿平方米，比2008年增长34133万平方米，增长了12.5%，增长率比2008年下降3.5个百分点（图2-2）。从图2-2中可以看出，近5年来，我国商品住宅施工面积增长率自2005年开始上涨，在2007年达到最高点，2008年和2009年开始回落。从图中还可以看出，2009年商品住宅施工面积是竣工面积的4.3倍，预示着未来2~3年内住宅增量将大幅增加。

从各地区情况来看，2009年我国东、中、西部地区商品住宅竣工面积分别为28777万平方

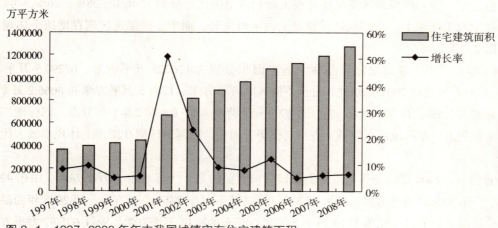

图2-1 1997~2008年年末我国城镇实有住宅建筑面积
资料来源：历年《中国统计年鉴》

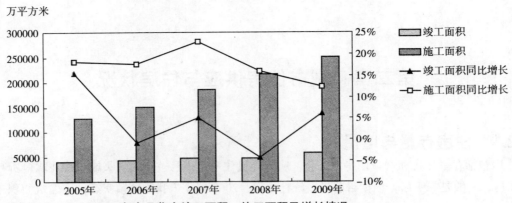

图 2-2 2005~2009 年商品住宅竣工面积、施工面积及增长情况
资料来源：中国房地产信息网www.realestate.cei.gov.cn

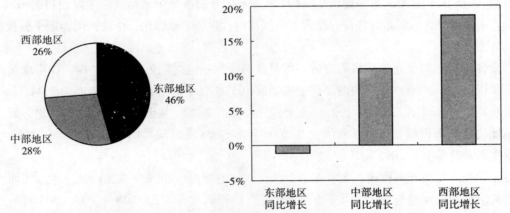

图 2-3 2009 年我国各地区商品住宅竣工面积比重及同比增长情况
资料来源：中国房地产信息网www.realestate.cei.gov.cn

米、14645.2 万平方米和 14272.3 万平方米，与 2008 年相比，分别下降 1353 万平方米、3631.8 万平方米和 3131.7 万平方米，增长率分别为 1.1%、11% 和 18.6%，比 2008 年下降了 5.7、2.7 和 3.8 个百分点。东、中、西部地区商品住宅竣工面积占全国比重分别为 46%、28%、26%。可以看出，在商品住宅竣工面积上，东部地区在数量上占绝对优势，而中、西部地区则在增速上体现出明显优势（图 2-3）。

2009 年东、中、西部地区商品住宅施工面积分别为 126228 万平方米、62290.5 万平方米和 62285.8 万平方米，与 2008 年相比，分别下降 870 万平方米、1784.5 万平方米和 8066.2 万平方米；增长率分别为 7.5%、19.3% 和 16.9%，比 2008 年下降了 4.1、0.4 和 2.8 个百分点。同样地，在商品住宅施工面积上，东部地区在数量上占绝对优势，而中、西部地区则在增速上体现出较大优势（图 2-4）。

分省份看，2009 年商品住宅竣工面积位居前五位的是：江苏 6226.8 万平方米、山东 4262.1 万平方米、广东 3836.7 万平方米、四川 3520.5 万平方米和辽宁 3404 万平方米，而 2008 年商品住宅竣工面积位居前五位的是：江苏 1119.26 万平方米、广东 899.14 万平方米、浙江 675.82 万平方米、山

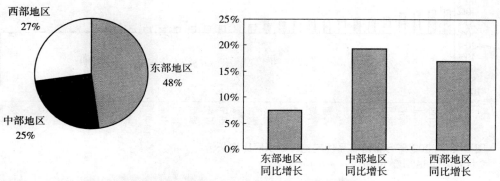

图 2-4　2008 年我国各地区城镇住宅施工面积比重及同比增长情况
资料来源：中国房地产信息网www.realestate.cei.gov.cn

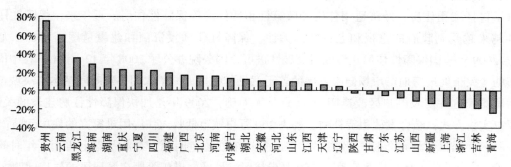

图 2-5　2009 年各省份商品住宅竣工面积同比增长情况
资料来源：中国房地产信息网www.realestate.cei.gov.cn

东 553.4 万平方米、四川 455.53 万平方米。可见，2009 年商品住宅竣工面积位居前五位的省份在竣工面积数量上大大超过了 2008 年前五位的情况。

2009 年商品住宅竣工面积同比增速位居前五位的是：贵州 74.7%、云南 59.4%、黑龙江 34.8%、海南 28% 和湖南 22.6%（图 2-5），而 2008 年商品住宅竣工面积同比增速位居前五位的是：内蒙古 519.2%、新疆 247.8%、宁夏 196.2%、陕西 147.3%、山西 128.9%。由此可见，2009 年商品住宅竣工面积增长率位居前五位的省份在增长速度上大大低于 2008 年前五位的情况。

2009 年商品住宅施工面积位居前五位的是：江苏 22657.3 万平方米、广东 18929.4 万平方米、山东 18020.3 万平方米、四川 14680.5 万平方米和辽宁 14527.1 万平方米；而 2008 年商品住宅施工面积位居前五位的是：江苏 16023.9 万平方米、广东 13407.94 万平方米、四川 11244.56 万平方米、浙江 11142.84 万平方米、山东 10409.06 万平方米。可见，2009 年商品住宅施工面积位居前五位的省份在施工面积数量上大大超过了 2008 年前五位的情况。

2009 年商品住宅施工面积增速位居前五位的是：陕西 42.7%、山西 41.6%、河北 40.6%、海南 36.3% 和湖南 29.3%（图 2-6）。而 2008 年商品住宅施工面积同比增速前五位的情况是：吉林 1205.9%、新疆 189.7%、宁夏 111.4%、辽宁 74%、青海 58.8%。由此可见，2009 年商品住宅施工面积增长率位居前五位的省份在增长速度上大大低于 2008 年前五位的情况。

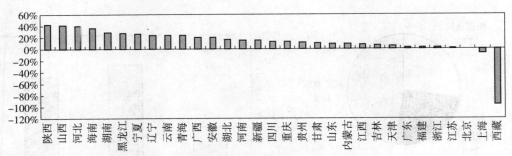

图 2-6　2009 年各省份商品住宅施工面积同比增长情况
资料来源：中国房地产信息网 www.realestate.cei.gov.cn

2.2 保障性住房[2]投资建设

在国内商品房价总体偏高，且日益上涨的态势下，政府为解决中低收入困难家庭住房问题，提供了包括廉租住房、经济适用住房和政策性租赁住房等保障性住房。近年来，保障性住房的重要性越来越受到政府的重视和老百姓的关注，保障性住房投资额和建设量逐年增加，尤其是在 2007~2009 年全国保障性住房建设取得突破性进展，国务院办公厅 2008 年 12 月 21 日在中国政府网发布的《关于促进房地产市场健康发展的若干意见》中提出，争取用 3 年时间基本解决城市低收入住房困难家庭住房及棚户区改造问题。《意见》明确，2009 年是加快保障性住房建设的关键一年。主要以实物方式，结合发放租赁补贴，解决 260 万户城市低收入住房困难家庭的住房问题；解决 80 万户林区、垦区、煤矿等棚户区居民住房的搬迁维修改造问题。在此基础上再用 2 年时间，解决 487 万户城市低收入住房困难家庭和 160 万户林区、垦区、煤矿等棚户区居民的住房问题。到 2011 年年底，基本解决 747 万户现有城市低收入住房困难家庭的住房问题，基本解决 240 万户现有林区、垦区、煤矿等棚户区居民住房的搬迁维修改造问题。2009~2011 年，全国平均每年新增 130 万套经济适用住房。

2.2.1 保障性住房用地供应

国土资源部统计数据显示，2009 年，全国 31 个省（区、市）和新疆生产建设兵团保障性住房用地实际供应 1.04 万公顷，同比增加 30.9%；棚户区改造用地实际供应 0.3 万公顷。国土资源部《2009 年前三季度全国土地市场动态监测分析报告》也显示，2009 年前三季度，保障性住房用地供应 6191 公顷，同比增加 22.6%，占住宅用地的 15.4%，同比提高 1.7 个百分点。其中，廉租房用地供应 640.77 公顷，同比增加 52%，占住宅用地供应量的 1.6%，同比提高 0.5 个百分点；经济适用房用地供应 5550.23 公顷，同比增加 20%，占住宅用地供应量的 13.8%，同比提高 1.3 个百分点。

2.2.2 保障性住房投资

2009 年 10 月 28 日全国人大常委会发布的《关于保障性住房建设项目实施情况的调研报告》显示，截至 2009 年 8 月底，2009 年以来中央安排保障性住房建设资金下达 471 亿元，占预算的 95.5%，基本完成预定任务。2009 年国家下达的保障性住房建设计划需要地方配套 1183 亿元，地方保障性住房建设完成投资 394.9 亿元，完成率仅为 33.38%。一些地方由于配套资金不到位和征地、拆迁等前期工作准备不足，难以完成 2009 年的建设计划。2009 年年底，财政部统计数据也显示，2009 年中央财政支出 43819.58 亿元。其中，保障性住房支出 26.43 亿元，完成预算的 84.2%。

2.2.3 保障性住房建设

保障性住房包括廉租房和经济适用房。随着宏观经济政策的调整，在应对国际金融危机的政策体系中把扩内需、保增长与保民生结合起来，国家进一步修订廉租房和经济适用住房政策，扩大建设规模。

中央于2008年二季度已下达廉租住房补贴资金68亿元，四季度又追加补助资金75亿元。据各地初步统计，2008年新开工廉租住房63万套，发放租赁补贴249万户。此外，中央财政于2008年还下达给中西部地区廉租住房建设补助资金81亿元，用于中西部地区廉租住房租赁补贴支出和新建廉租住房建设资金支出。

国家统计局数据显示，2007年各地用于廉租住房建设的资金为93.8亿元，超过2006年之前全国廉租住房资金的总额；2008年全国对廉租住房的投资超过了2007年年底之前累计投资的总和；截至2009年4月底，全国已开工廉租住房3369万平方米、69万套，是2008年一季度的2.2倍。很多城市实现了低保住房困难家庭廉租住房保障的全覆盖。

住房和城乡建设部、国家发改委、财政部三部委发布的《2009—2011年廉租住房保障规划》显示，从2009年起到2011年，用三年时间基本解决747万户现有城市低收入住房困难家庭的住房问题。各年度工作任务为：

——2009年，解决260万户城市低收入住房困难家庭的住房问题。其中，新增廉租住房房源177万套，新增发放租赁补贴83万户。

——2010年，解决245万户城市低收入住房困难家庭的住房问题。其中，新增廉租住房房源180万套，新增发放租赁补贴65万户。

——2011年，解决204万户城市低收入住房困难家庭的住房问题。其中，新增廉租住房房源161万套，新增发放租赁补贴43万户。

截至2009年11月底，全国新开工和通过各种方式筹集廉租住房185万套。其中，全国廉租住房新开工158.4万套，通过购买、改建等方式筹集26.6万套。租赁住房补贴户数达到292万户，其中新增租赁补贴80万户。

2008年全国新开工经济适用住房建设130万套，按照国家确定的建设规划，2009~2011年全国经济适用住房建设总量是400万套，平均每年130万套。

2008年年末，经济适用住房完成投资额970.9亿元，比2007年增加150亿元，增长18.27%，增长率比2007年高0.46个百分点。2008年年末，经济适用住房新开工面积5621.9万平方米，比2007年增加811.6万平方米，增长16.87%，增长率比2007年高7.02个百分点。从图2-7、图2-8

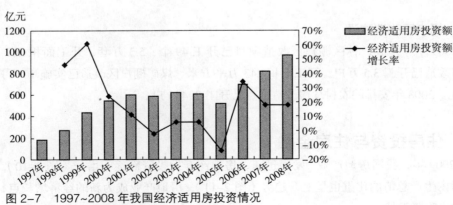

图2-7　1997~2008年我国经济适用房投资情况
资料来源：中国房地产信息网www.realestate.cei.gov.cn

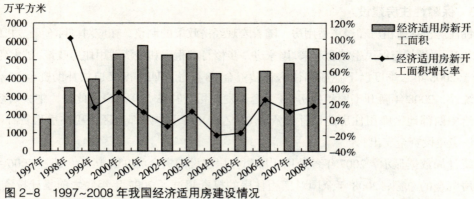

图 2-8 1997~2008 年我国经济适用房建设情况
资料来源：中国房地产信息网www.realestate.cei.gov.cn

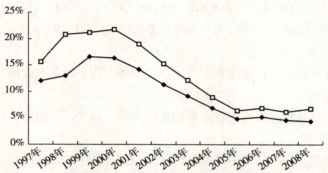

图 2-9 1997~2008 年我国经济适用房投资、建设占比情况
资料来源：中国房地产信息网www.realestate.cei.gov.cn

可以看出，由于经济适用房在土地供应、住房结构、供应对象等方面出现严重违规行为，导致2004、2005 年经济适用房投资建设出现负增长，甚至有的地方停止建设经济适用住房，2006 年情况有所好转，2007 年以后经济适用房投资建设情况恢复稳定。

2008 年年末，经济适用住房完成投资额占住房投资额的 4.33%，比 2007 年少 0.23 个百分点。2008 年年末，经济适用住房建设面积占住房建设面积的 6.72%，比 2007 年多出 0.62 个百分点。从图 2-9 可以看出，经济适用住房投资额、新开工面积占住房投资额、新开工面积的比重在逐年下降。

2.2.4 棚户区改造建设

截至 2009 年 4 月底，林区棚户区改造项目已开工 49 个、5.3 万套，开工面积 267 万平方米。农垦危旧房改造已开工 3.5 万户，开工面积 243 万平方米。煤矿棚户区改造已实施 10 万户，完成投资 16.4 亿元。2008 年安排的农村危房改造试点已开工 29455 户。

2.3 住房投资与住房金融

1999~2009 年，我国房地产业[3]发展迅速，房地产开发投资额逐年增长（图 2-10），房地产开发投资占国内生产总值的比重也呈上升趋势（图 2-11），房地产业成为新的经济增长点，为国民经济的增长作出重要贡献。

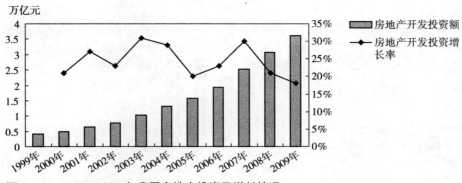

图 2-10　1999~2009 年我国房地产投资及增长情况
资料来源：历年《中国统计年鉴》

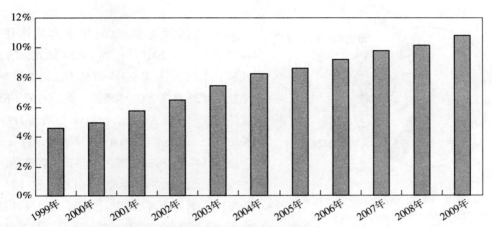

图 2-11　1999~2009 年我国房地产投资占国内生产总值比重
资料来源：历年《中国统计年鉴》

2009 年，我国房地产开发投资额 3.62 万元，比 2008 年增加 0.56 万元，增长 18%，增长率比 2008 年低 3 个百分点（图 2-10），占国内生产总值比重的 10.81%，比 2008 年高 0.63 个百分点（图 2-11）。从近 5 年的情况来看，2007 年是我国房地产业发展最快的一年，房地产投资增长率为 30%，2008 年受到金融危机影响，房地产投资增长率下降，房地产业发展进入调整期（图 2-10）。

2.3.1　住房开发投资

住房开发是房地产开发[4]的一个重要组成部分。

2009 年全国完成住房投资 25619 亿元，占房地产开发投资比重的 70.7%，比 2008 年增加 3537.4 亿元，增长 14.2%，增长率比 2008 年低 8.4 个百分点（图 2-12）。1999~2009 年，全国商品住房投资额逐年增加，但增长率起伏波动较大，从近五年的情况来看，2007 年增长较快，2008、2009 年有所下降（图 2-12）。

从住宅类型来看，2009 年，90 平方米以下住宅投资额为 8351.01 亿元，占住宅投资的 32.6%，比 2008 年高 3.54 个百分点；别墅及高档公寓投资 2072.18 亿元，占住宅投资的 8.09%，比 2008 年降低 0.86 个百分点；经济适用房投资 1138.59 亿元，占住宅投资的 4.44%，比 2008 年降低 0.01 个百分点（图 2-13）。

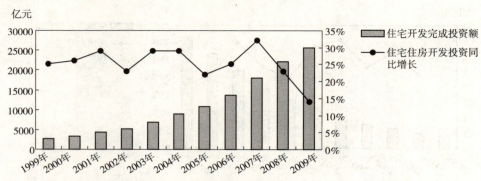

图 2-12　1999~2009 年我国住宅开发投资完成额及增长情况
资料来源：历年《中国统计年鉴》

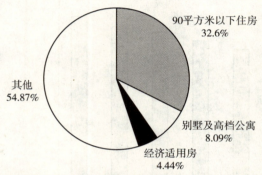

图 2-13　2009 年各类型住宅开发投资占比情况
资料来源：中国房地产信息网 www.realestate.cei.gov.cn

从各地区情况看，2009 年东部地区住宅投资 14445.7 亿元，比 2008 年增加 1462.4 亿元，增长 9.1%，增长率比 2008 年下降 9.3 个百分点，近 5 年东部地区住宅投资增长率在 2007 年较高，此后有所下降。中部地区住宅投资 5986.3 亿元，比 2008 年增加 1183.5 亿元，增长 23.3%，增长率比 2008 年下降 9.9 个百分点，近 5 年中部地区住宅投资增长率持续下降。西部地区住宅投资 5186.8 亿元，比 2008 年增加 891.6 亿元，增长 19.4%，增长率比 2008 年下降 5.7 个百分点，近 5 年西部地区住宅投资增长率从 2007 年以后持续下降（图 2-14）。

从各地区住宅投资占比情况来看，2009 年东部、中部、西部地区住宅投资分别为 14445.7 亿元、5986.3 亿元和 5186.8 亿元，分别占全国住宅投资的 56.4%、23.4% 和 20.2%。由此可见，东部地区住宅投资占比最大，超过全国住宅投资总量的一半，中部和西部地区投资占比接近（图 2-15）。

从各省份、直辖市的情况看，2009 年住宅投资额位居前五位的是：江苏 2424.2 亿元、广东 2103.9 亿元、辽宁 1932.9 亿元、山东 1860.4 亿元和浙江 1580.8 亿元；商品住房投资额增速位居前五位的是：山西 66.6%、海南 51.9%、黑龙江 44.3%、宁夏 43.5% 和河北 41.9%。表 2-1

2008、2009 年住宅投资及投资增速前五位省份情况来比较　　表2-1

2009年住宅投资前五位	江苏 2424.2亿元	广东 2103.9亿元	辽宁 1932.9亿元	山东 1860.4亿元	浙江 1580.8亿元
2008年住宅投资前五位	江苏 2296.62亿元	广东 2132.52亿元	辽宁 1575.1亿元	山东 1562.13亿元	浙江 1419.65亿元
2009年住宅投资增速前五位	山西 66.6%	海南 51.9%	黑龙江 44.3%	宁夏 43.5%	河北 41.9%
2008年住宅投资增速前五位	青海 42.7%	海南 51.8%	安徽 51.3%	内蒙古 49%	河南 48.1%

资料来源：中国房地产信息网 www.realestate.cei.gov.cn

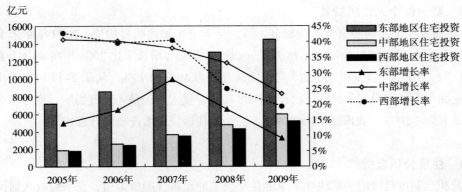

图 2-14 2005~2009 年各地区住宅投资及增长情况
资料来源：中国房地产信息网www.realestate.cei.gov.cn

中，从排名前五位的情况来比较，2009 年投资额情况超过 2008 年，但投资额增速比 2008 年稍有下降。

2.3.2 开发投资资金来源

2009 年，全国房地产开发投资资金来源共计 57127.63 亿元，其中，国内贷款 11292.68 亿元，比 2008 年增长 48.5%（其中，银行贷款 10310.53 亿元，同比 2008 年增长 49.9%，非银行金融机构贷款 982.16 亿元，同比增长 35.1%）；利用外资 469.73 亿元，比 2008 年下降 35.5%（其中，外商直接投资 391.75 亿元，同比下降 38.3%）；自筹资金

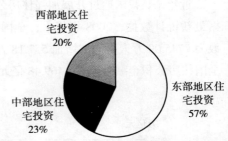

图 2-15 2005~2009 年各地区住宅投资及增长情况
资料来源：中国房地产信息网www.realestate.cei.gov.cn

17905.99 亿元，比 2008 年增长 16.9%（其中，自有资金 9819.87 亿元，同比上涨 11%）；其他资金 27459.22 亿元，比 2008 年增长 71.9%（其中，定金及预收额 15913.86 亿元，同比上涨 63.1%，个人按揭贷款 8402.89 亿元，同比上涨 116.2%）。由此可见，其他资金来源同比上涨最快，其次是国内贷款和自筹资金，利用外资出现负增长（图 2-16）。

从各项资金来源占比情况看，2009 年，国内贷款占房地产开发投资资金来源的 19.77%，利用外资占 0.82%，自筹资金占 31.34%，其他资金占 48.07%。从中可以看出，其他资金占比最大，其次是自筹资金和国内贷款，利用外资占比最少。

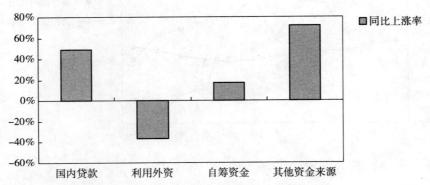

图 2-16 2005~2009 年商业性房地产贷款余额及增长情况
资料来源：中国房地产信息网www.realestate.cei.gov.cn

2.3.3 商业性个人住房贷款

2009年商业性个人购房贷款持续回升,特别是下半年增速明显加快,2009年年末个人购房贷款余额4.76万亿元,比2008年增加1.78万亿元,增长43.1%,增长率比2008年高49.3个百分点(图2-17)。其中,一手房[5]贷款和二手房[6]贷款增速分别为40%和79%。从图2-17可以看出,近5年以来,商业性个人住房贷款余额逐年增长,2008年由于受宏观经济不景气影响,商业性个人住房贷款增速明显下降,2009年我国经济回暖,商业性个人住房贷款增速也回升较快。

2.3.4 住房公积金贷款

住房公积金制度是政府为解决职工家庭住房问题的政策性融资渠道,是一般收入居民的住房货币保障制度。近年来,我国住房公积金缴存、提取和使用率不断提高(图2-18),已成为居民购房的主要融资渠道。

近年来,我国通过开展加强住房公积金管理专项治理工作,实际缴存职工人数有较大幅度增加。据最新统计数据,2008年年末,全国住房公积金应缴职工人数为11184.05万人,实际缴存职工人数为7745.09万人,同比增加557.18万人,增幅为7.75%。2008年,缴存额继续稳定增长,2008年全国住房公积金缴存额为4469.48亿元,同比增加926.56亿元,增幅为26.15%。截至2008年年末,

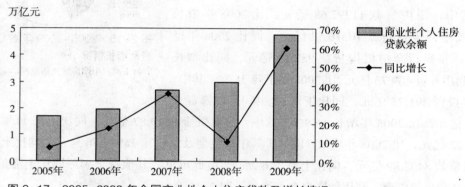

图2-17 2005~2009年全国商业性个人住房贷款及增长情况
资料来源:中国房地产信息网www.realestate.cei.gov.cn

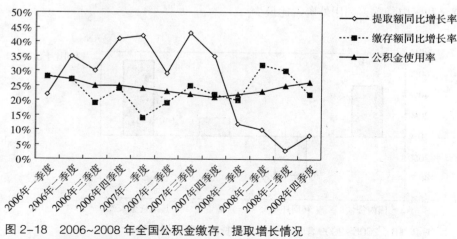

图2-18 2006~2008年全国公积金缴存、提取增长情况
资料来源:住房和城乡建设部

全国住房公积金缴存总额为20699.78亿元，同比增长27.54%；缴存余额为12116.24亿元，新增余额2511.13亿元，增幅为26.14%。

2008年，全国住房公积金提取额为1958.34亿元，占同期缴存额的43.82%，同比增加149.56亿元，增幅为8.27%。截至2008年年末，住房公积金使用率为72.81%，同比降低1.78个百分点，住房公积金运用率为53.54%，同比降低3.51个百分点。截至2008年年末，全国住房公积金提取总额为8583.54亿元，占住房公积金缴存总额的41.47%。

2008年，全国共发放住房公积金个人贷款131.13万笔、2035.93亿元，占当年缴存额的45.55%，平均每笔贷款数额为15.53万元。截至2008年年末，累计为961.17万户职工家庭发放个人住房贷款10601.83亿元，同比增长23.77%，平均每户发放贷款11.03万元。

2.3.5 房地产信托[7]

2009年我国发行的国内集合信托产品中，房地产信托4支，比2008年少131支，同比降低97%；房地产信托占全部集合信托资金数量的0.34%，比2008年降低了19.84个百分点（图2-19）。

2009年，我国房地产信托募集资金规模9.7亿元，比2008年降低263.15亿元，同比下降96.4%。2009年，我国房地产信托募集资金占全部集合信托募集资金的0.74%，比2008年降低31.04%（图2-20）。

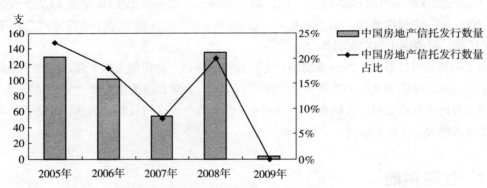

图2-19　2005~2009年我国房地产信托发行数量及占比情况
资料来源：用益信托工作室

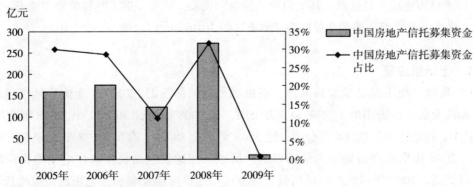

图2-20　2009年我国房地产信托募集资金及占比情况
资料来源：用益信托工作室

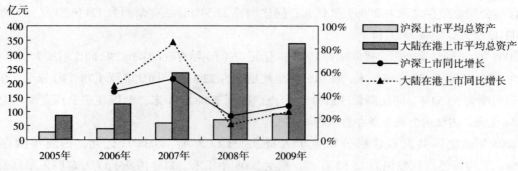

图 2-21 2009 年我国房地产上市公司平均总资产及增长情况
资料来源：用益信托工作室

从近 5 年的情况来看，2007 年，受世界金融危机影响，房地产信托发行数量、募集资金较大幅降低。2009 年，房地产信托发行数量、募集资金为近 5 年最低值，主要原因是银行对房地产贷款的多项优惠政策吸引了大部分的地产、物业类企业，使他们从信托业转向银行进行贷款。

2.3.6 房地产上市公司

2009 年，沪深房地产上市公司平均总资产为 91.36 亿元，比 2008 年增加 20.91 亿元，同比增长 29.68%，增长率比 2008 年高 8.68 个百分点（图 2-21）。大陆在港上市房地产公司平均总资产为 337.13 亿元，比 2008 年增加 68.34 亿元，同比增长 25.42%，增长率比 2008 年高 11.7 个百分点（图 2-21）。2009 年，沪深房地产上市公司平均市值为 98.9 亿元，大陆在港上市房地产公司平均市值为 233.8 亿元，市值同比均实现翻番。

从以上分析还可以看出，2009 年房地产上市公司总资产、总市值大幅上涨，主要原因是国家为了应对金融危机，采取了宽松的政策和信贷支持。此外，大陆在港上市房地产公司总资产、市值远远高于沪深房地产上市公司，大陆在港上市房地产公司资产规模增长幅度明显，反映了我国资产国际化程度越来越快，全球化趋势日益加快。

2.4 住宅用地[8]

2009 年，随着经济形势逐步好转，我国土地市场步入回暖期。土地供应总量和土地出让金大幅增加，土地购置费全年保持较快增长，土地交易价格明显回升，但土地购置面积和开发面积低于 2008 年。许多城市土地交易活跃，甚至出现"抢地"现象，总价"地王"和单价"地王"的纪录不断被刷新，许多国有大型房地产企业成为"地王"的主力。

2.4.1 土地供应量

2009 年我国土地供应总量大幅增加。根据国土资源部数据，2009 年全国房地产用地（包括住宅用地和商业服务设施用地）供应 10.3 万公顷，比 2008 年增长 36.7%，比 2008 年高出 32.4 个百分点；其中，住宅用地供应 7.6 万公顷，比 2008 年增长 38.8%，高出 36.77 个百分点。从图 2-22 可以看出，2008 年房地产市场步入低迷以后，房地产用地供应增长率和住宅用地供应增长率为近 5 年的最低值，2009 年房地产市场回暖，房地产用地供应增长率和住宅用地供应增长率均达到近 5 年最高值。从住宅用地供应结构来看，2009 年普通商品住宅用地供应 6.4 万公顷，同比增加

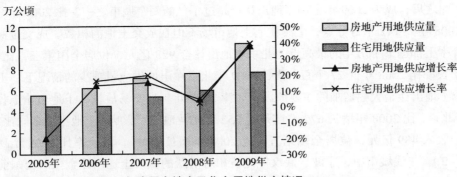

图2-22　2005~2009年我国房地产及住宅用地供应情况
资料来源：2005~2009年全国土地市场动态监测分析报告

36.9%。

从各地区用地供应情况来看，2009年全国批准建设用地57.6万公顷。其中东部地区批准建设用地21.72万公顷，占全国批准建设用地总量的37.7%；中部地区批准建设用地16.47万公顷，占全国批准建设用地总量的28.6%；西部地区批准建设用地19.41万公顷，占全国批准建设用地总量的33.7%（图2-23）。由此可见，东部地区土地供应量最大，其次是西部地区，中部地区最少。

图2-24表示土地供应与经济增长的关系。从图中可以看出，房地产用地供应增长与经济增长基本保持同向变化趋势，但房地产用地供应增幅大于经济增幅。2009年，我国GDP增长率为9.1%，比2008年下降0.5个百分点；而房地产用地供应增长率达到了36.7%，比2008年上升了32.4个百分点，增幅远远大于经济增幅。

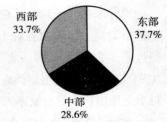

图2-23　2009年我国各地区批准用地情况
资料来源：2009中国国土资源公报

2.4.2　土地出让金

2009年，我国土地出让金大幅增长，全国70个大中城市土地出让金共计10836亿元，比2008年增长140%，比近5年房地产发展最快速的2007年增加49%，增长率达到近5年最高值。

从各个城市的情况来看，2009年杭州土地出让金高达1054亿元，位居全国第一，比2008年增长238%，增长率比2008年高175个百分点，杭州政府一改往年"非饱和供地"的政策，增加商品住宅建设用地的供应量，将所有具备开发条件的用地统统推向市场。上海土地出让金高达1043亿

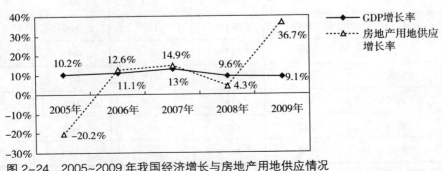

图2-24　2005~2009年我国经济增长与房地产用地供应情况
资料来源：历年《中国统计年鉴》

元,位居杭州之后,成为2009年全国土地出让金超过千亿的两个城市之一,比2008年增长172%,增长率比2008年高142个百分点,上海住宅土地市场不但在成交土地面积数、成交金额数,而且在成交溢价率上都创下了历年的最高点。北京土地出让金928亿元,位居全国第三,比2008年增长85%,增长率比2008年低27个百分点,2009年北京在土地供应量减少的情况下,土地价格的上涨是造成土地出让金大幅增加的主要原因。天津2009年土地交易放量,土地出让金收入732亿元,仅次于北京,比2008年增长67%。广州受255亿元"地王"影响,土地出让金同比大幅上涨,土地出让金收入489亿元,位居全国第五,比2008年增长301%,增长率比2008年高250个百分点(表2-2)。二线城市中,宁波、武汉等经济相对活跃的城市土地出让金位居全国前十位。宁波2009年住宅用地供应量就增长了140%。土地出让金收入488亿元,比2008年增长617%。武汉在2009年12月推出了1宗巨型综合性用地(含住宅)211万平方米,使得土地出让金累计收入达到361亿元,比2008年增长345%。

总体来看,土地出让金增加的主要原因有两方面:一是因为土地供应量增加;二是因为土地成交价格提高。但这两者对土地出让金上涨的贡献率并不相同,下面以北京、上海为例来具体分析。通过图2-25可以看出,北京2009年住宅用地供应虽然同比减少24%,但住宅用地楼面地价同比增加31%;上海住宅用地供应同比略增6%,而成交楼面地价同比上涨132%。这表明了土地价格上涨对于土地出让金的贡献率远远超过土地供应增加的贡献率。

此外,2009年中国土地市场"地王"频现,也是导致土地出让金快速增长的主要原因之一。不论是总价"地王"还是单价"地王",其含金量远远超过近5年房地产发展最快速的2007年。2009年土地成交总价排名前10的地块成交总金额为758亿元,占70个城市总成交金额的7%;2009年成交总价排名前10的住宅用地平均成交金额为75.8亿元,而2007年为51.9亿元;2009年楼面地价排名前10的住宅用地平均楼面地价为26365元/平方米,而2007年为16234元/平方米。

2009年全国土地出让金前10位城市排行 表2-2

排名	城市	2009年(亿元)	同比2008年增长	2008年(亿元)	同比2007年增长	2007年(亿元)
1	杭州	1054	238%	312	63%	646
2	上海	1043	172%	382	30%	803
3	北京	928	85%	503	112%	438
4	天津	732	67%	439	89%	388
5	广州	489	301%	122	51%	323
6	宁波	488	617%	68	841%	52
7	重庆	440	276%	117	40%	314
8	武汉	361	345%	81	35%	267
9	佛山	332	390%	68	54%	216
10	成都	324	389%	66	-18%	396

资料来源:中国房地产指数系统数据库

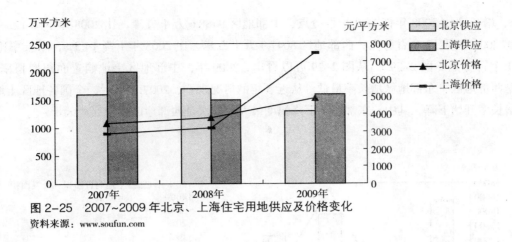

图 2-25 2007~2009 年北京、上海住宅用地供应及价格变化
资料来源：www.soufun.com

2.4.3 土地购置与开发

2009 年，全国土地购置面积和开发面积低于 2008 年。根据国家统计局公布的数据，2009 年全国房地产开发企业完成土地购置面积 31906 万平方米，比 2008 年下降 18.9%，增长率比 2008 年低 9.5 个百分点。从近 5 年的情况来看，2007 年房地产市场发展最为迅速，土地购置面积增长率达到最高值，为 11.03%，2008 年以后受金融危机影响，房地产市场下滑，2009 年土地购置面积增长率为近 5 年最低水平。2009 年全国房地产开发企业完成土地开发面积 23006 万平方米，比 2008 年下降 19.9%，增长率比 2008 年低 16.78 个百分点。2006 年之后，土地开发面积增长率逐年下降，2009 年下降到近 5 年最低值（图 2-26）。

土地购置面积与开发面积之间的差值表示土地的囤积面积。从图 2-27 中可以看出，2007 年以后，土地的囤积面积增长率开始下降，说明囤积土地现象有所缓解，也说明了我国政府土地调控政策的效果开始显现。

从 2009 年各月份的情况看，土地购置和开发速度总体呈现回升态势。2009 年 1 月份，土地购置面积和开发面积增长率分别为 –30% 和 –15.5%，11 月份达到全年最高值 –15.4% 和 –2.5%，12 月份由于房地产企业要回笼资金减少了开发量，土地购置面积和开发面积增长率下降到 –18.9% 和 –19.9%。年末与年初相比，土地购置面积增长率升了 11.1 个百分点，土地开发面积增长率下降了 4.4 个百分点（图 2-28）。

从各地区情况来看，2009 年东部地区土地购置面积为 14369.6 万平方米，比 2008 年下降

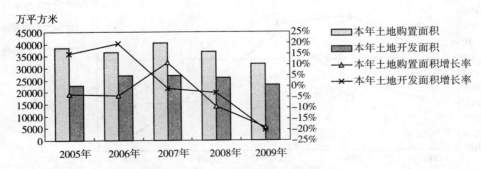

图 2-26 2005~2009 年我国土地购置、开发面积及增长情况
资料来源：历年《中国统计年鉴》、中国房地产信息网www.realestate.cei.gov.cn

24.8%，增长率比 2008 年低 16.2 个百分点；中部地区 9488.6 万平方米，比 2008 年下降 12.3%，增长率比 2008 年低 17 个百分点；西部地区 8047.9 万平方米，比 2008 年下降 14.5%，增长率比 2008 年低 1 个百分点（图 2-29）。从图 2-29 可以看出，2009 年，中部地区土地购置面积增长率最高，其次是西部地区，东部地区增长率最低。从近 5 年的情况来看，2007 年以后，全国各地区土地购置面积增长率开始下降，其中，东部地区下降幅度最大，其次是西部地区和中部地区。

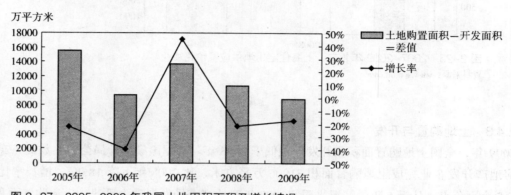

图 2-27　2005~2009 年我国土地囤积面积及增长情况
资料来源：历年《中国统计年鉴》、中国房地产信息网www.realestate.cei.gov.cn

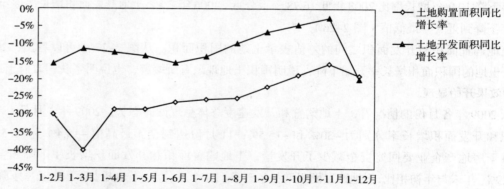

图 2-28　2009 年各月份土地购置和开发面积增长情况
资料来源：中国房地产信息网www.realestate.cei.gov.cn

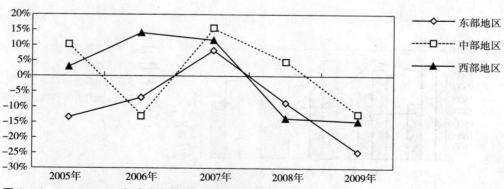

图 2-29　2005~2009 年我国各地区土地购置面积增长情况
资料来源：中国房地产信息网www.realestate.cei.gov.cn

2009年，东部地区完成土地开发面积为10494.7万平方米，比2008年下降29.4%，增长率比2008年低23.8个百分点；中部地区6833.7万平方米，比2008年下降6.1%，增长率比2008年低4.6个百分点；西部地区5677.6万平方米，比2008年下降13.4%，增长率比2008年低9.7个百分点（图2-30）。从图2-30可以看出，2009年，中部地区土地开发面积增长率最高，其次是西部地区，东部地区增长率最低。

从各地区土地购置和开发面积占比情况来看，2009年东部地区土地购置面积为14369.6万平方米，占全国土地购置面积的45.04%，占比较2008年下降1.02个百分点；中部地区9488.6万平方米，占全国土地购置面积的29.74%，占比较2008年上升1.28个百分点；西部地区8047.9万平方米，占全国土地购置面积的25.22%，占比较2008年下降0.26个百分点。从2009年情况来看，东部地区土地购置面积占比最大，中部地区略高于西部地区。从近5年情况来看，东部地区土地购置面积占比略有下降，中部地区先降后涨，西部地区先涨后降，但涨幅都不是很大（图2-31）。

2009年，东部地区完成土地开发面积为10494.7万平方米，占全国土地购置面积的45.62%，占比较2008年下降4.18个百分点；中部地区6833.7万平方米，占全国土地购置面积的29.7%，占比较2008年上涨3.96个百分点；西部地区5677.6万平方米，占全国土地购置面积的24.68%，占比较2008年上涨0.22个百分点。从2009年情况来看，东部地区土地开发面积占比最大，中部地区略高于西部地区。从近5年情况来看，东部地区土地开发面积占比略有下降，中部、西部地区主体保持上涨趋势（图2-32）。

从各省份土地购置面积涨幅情况看，2009年全国共有7个省、直辖市和自治区的土地购置面积

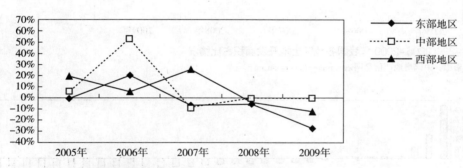

图2-30 2009年我国各地区土地开发面积增长情况
资料来源：中国房地产信息网www.realestate.cei.gov.cn

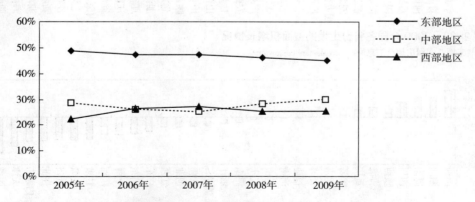

图2-31 2005~2009年我国各地区土地购置面积占比情况
资料来源：中国房地产信息网www.realestate.cei.gov.cn

同比上涨,其他省、直辖市和自治区均为下降;而 2008 年土地购置面积同比上涨的有 15 个省、直辖市和自治区。2009 年土地购置面积同比增速排名前五位的是:宁夏 135.6%、青海 60.1%、河南 29%、重庆 5.4%、四川 4.4%;而 2008 年土地购置面积同比增速排名前五位的是:西藏 441.3%、北京 110.3%、上海 91.9%、海南 50.8%、山西 40.6%。由此可见,2009 年各省份土地购置面积增幅比 2008 低(图 2-33)。

从各省份土地开发面积增幅情况看,2009 年全国共有 10 个省、直辖市和自治区的土地开发面积同比上涨,而 2008 年土地开发面积同比上涨的有 14 个省、直辖市和自治区。2009 年土地开发面积同比增速排名前五位的是:山西 58.3%、湖北 42.7%、海南 42.1%、四川 33.2%、陕西 24.7%;而 2008 年土地开发面积同比增速排名前五位的是:海南 41.6%、北京 41.3%、山西 34.5%、黑龙江 34.5%、内蒙古 33.1%。由此可见,2009 年各省份土地开发面积增幅与 2008 年基本持平(图 2-34)。

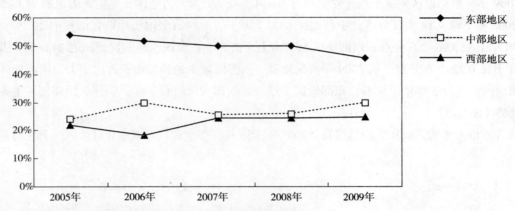

图 2-32 2005~2009 年我国各地区土地开发面积占比情况
资料来源:中国房地产信息网www.realestate.cei.gov.cn

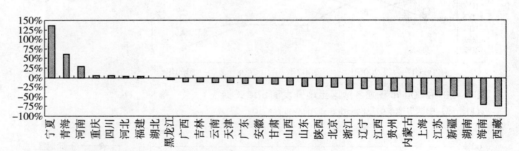

图 2-33 2009 全国各省份土地购置面积增长情况
资料来源:中国房地产信息网www.realestate.cei.gov.cn

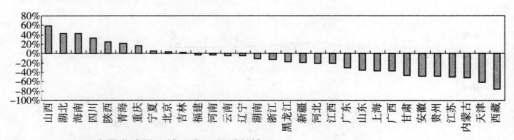

图 2-34 2009 全国各省份土地开发面积增长情况
资料来源:中国房地产信息网www.realestate.cei.gov.cn

2.4.4 土地购置费

2009年我国土地购置费6039.3亿元,比2008年增长0.7%,增速比2008年降低10.2个百分点。从近5年情况来看,2007年土地购置费增幅最大,2008年之后房地产市场受金融危机影响,土地购置费增幅开始下降,2009年增幅为近5年最低值(图2-35)。

从2009年各月情况看,土地购置费基本保持上涨趋势,3月份和6月份增长较快,7月份略有下降。总体来说,土地购置费增长率由年初的-31.2%上升到年末的0.7%(图2-36)。

从地区土地购置费占比情况来看,2009年我国东部地区土地购置费3954.4亿元,占全国土地购置费的65%;中部地区1058.6亿元,占18%;西部地区1026.3亿元,占17%。与2008年相比,2009年东部地区土地购置费占比略有上涨,上涨了1个百分点,中部地区下降了1个百分点,西部地区保持不变(图2-37)。

从地区土地购置费增长情况来看,2009年,中部地区土地购置费增长最高,同比上涨4.1%;其次是西部地区,同比增长3.9%;东部地区同比下降0.9%。土地购置费增长率与2008年相比,中部和东部地区下降较大,分别下降25.1和10.3个百分点,西部地区略有上升,上升1.8个百分点(图2-38)。

从各省、自治区、直辖市情况看,2009年土地购置费位居前五位的是:浙江696.8亿元、北

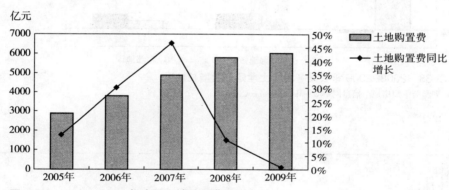

图2-35 2004~2009年我国土地购置费及增长情况
资料来源:中国房地产信息网www.realestate.cei.gov.cn

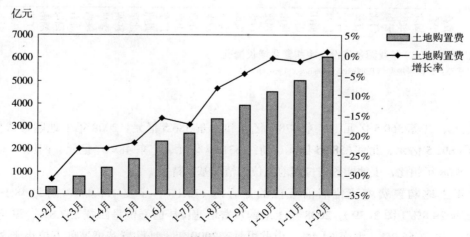

图2-36 2009年各月份我国土地购置费及增长情况
资料来源:中国房地产信息网www.realestate.cei.gov.cn

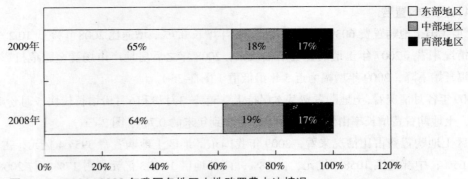

图 2-37　2008~2009 年我国各地区土地购置费占比情况
资料来源：中国房地产信息网www.realestate.cei.gov.cn

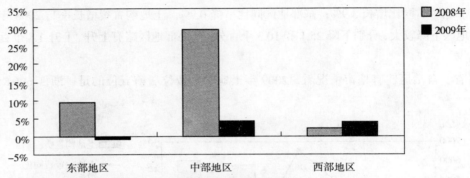

图 2-38　2008~2009 年我国各地区土地购置费增长情况
资料来源：中国房地产信息网www.realestate.cei.gov.cn

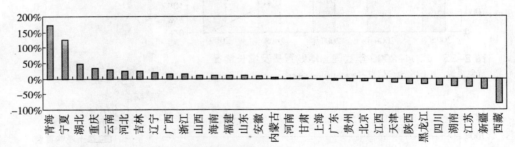

图 2-39　2009 年我国各省份土地购置费增长情况
资料来源：中国房地产信息网www.realestate.cei.gov.cn

京 587.7 亿元、江苏 560.5 亿元、广东 478.9 亿元和山东 386.5 亿元。2008 年土地购置费位居前五位的是江苏 692.5 亿元、北京 638.95 亿元、浙江 631.04 亿元、广东 488.07 亿元、四川 314.88 亿元。2009 年与 2008 年相比，土地购置费位居前五位的情况基本持平。

2009 年土地购置费增速位居前五位的是青海 172.1%、宁夏 125.4%、湖北 48.1%、重庆 33.2%、云南 29.8%（图 2-39）。2008 年土地购置费增速位居前五位是西藏 257.8%、黑龙江 87%、山西 71.4%、陕西 66.2%、河南 64.4%。由此可见，2009 年土地购置费增速前五位小于 2008 年的情况。

2.4.5 土地交易价格

2009年全国城市土地交易价格明显回升。2009年第四季度全国土地交易价格指数比2008年第四季度上涨13.8%。1998年以来，全国城市土地交易价格指数总体保持上涨趋势，但近5年来波动较大，2006年和2008年出现明显下降，2007年和2009年迅速回升（图2-40），这与房地产市场的回暖有关。

从各季度情况来看，土地交易价格指数从2008年第一季度持续下降，到2009年第一季度开始回升，土地交易价格指数由2009年第一季度的101.5上升到第四季度的113.8（图2-41）。

国土资源部数据显示，2009年第四季度末全国105个主要监测城市地价总体水平为2595元/平方米，其中居住用地价格[9]平均为3726元/平方米，比2008年增长近8%，增长率明显高于2008年，但低于2007年。2009年住宅用地平均成交楼面地价2035元/平方米，比2008增长36%，住宅用地成交楼面地价逐渐走高，下半年成交价大幅超过2008年同期水平（图2-42）。

从各类用地价格涨幅情况看：2009年第四季度经济适用房用地价格比2008年上涨2.7%，商品住宅用地价格比2008年上涨19.4%（其中，普通商品住宅用地价格上涨19.1%，高档商品住宅用地

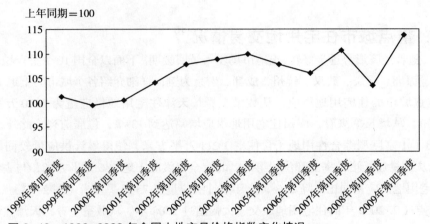

图2-40　1998~2009年全国土地交易价格指数变化情况
资料来源：中国房地产信息网www.realestate.cei.gov.cn

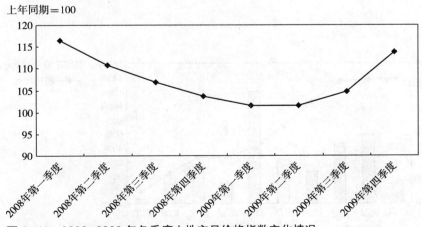

图2-41　2008~2009年各季度土地交易价格指数变化情况
资料来源：中国房地产信息网www.realestate.cei.gov.cn

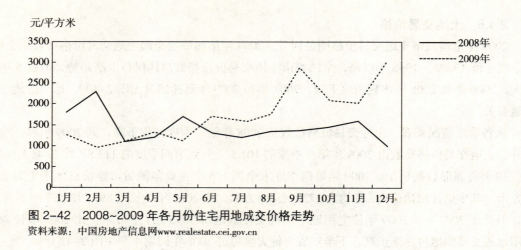

图 2-42 2008~2009 年各月份住宅用地成交价格走势
资料来源：中国房地产信息网 www.realestate.cei.gov.cn

价格上涨 18.4%)，均呈现 2009 年以来最高涨幅。由此可见，商品住宅用地价格涨幅远远大于经济适用房用地价格涨幅。

专题：重点城市住宅用地交易情况 [10]

2009 年，随着经济形势逐步好转，土地市场步入了回暖期。下面以全国 10 个重点城市北京、上海、天津、广州、深圳、重庆、武汉、杭州、成都、南京为例，详细介绍各个城市的土地交易情况。

10 个重点城市的住宅用地供应，从数量上看，天津住宅用地供应量为 2400 万平方米，远远高于其他城市。从增长率来看，广州住宅用地供应增幅达到 138%，位居前列。此外，武汉在 2009 年 12 月推出了 1 宗巨型综合性用地（含住宅）211 万平方米，使得累计供应量较同期水平增加了 136%，无论从数量还是增长率上都位居第二。北京全年供应土地 686 万平方米，与去年同期基本持平。深圳住宅用地供应量同比下降 22%，全年累计供应量仅 73 万平方米（图 2-43）。

10 个重点城市 2009 年的住宅用地成交量大幅超过 2008 年。从数量上看，天津住宅用地成交量为 2150 万平方米，居各大城市之首。从增长率来看，武汉住宅用地成交量 872 万平方米，增长率为 252%，同比涨幅最大。北京成交量与 2008 年同期持平。深圳受土地供应量缩小的影响，成交量较小，低于去年同期水平（图 2-44）。

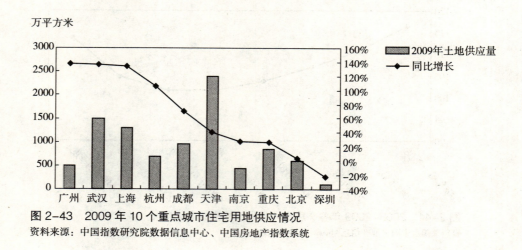

图 2-43 2009 年 10 个重点城市住宅用地供应情况
资料来源：中国指数研究院数据信息中心、中国房地产指数系统

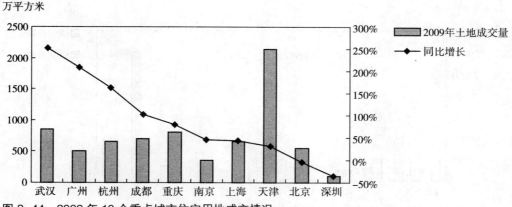

图 2-44　2009 年 10 个重点城市住宅用地成交情况
资料来源：中国指数研究院数据信息中心、中国房地产指数系统

北京——成交量与去年持平，成交价大幅上涨　2009 年 5 月份之后，北京土地市场迅速回暖，"地王"频现，没有出现土地流拍现象，住宅用地供应量偏紧导致成交量下降，土地低价挂牌促进了土地成交，成交价格同比大幅上涨。

2009 年北京计划供应住宅用地 1300 万平方米，实际供应住宅用地 686 万平方米，与 2008 年供应量 659 万平方米基本持平。2009 年北京成交住宅用地 571 万平方米，比 2008 年减少 5%（图 2-45）。

北京 2009 年住宅用地平均挂牌价为 2768 元/平方米，比 2008 年下降 8%。2009 年北京住宅用地成交楼面均价 5513 元/平方米，比 2008 年增加 46%（图 2-46）。

天津——交易量居全国首位，底价成交为主　近几年，天津城市化建设和滨海新区建设在很大程度上促进了住宅用地交易。2009 年天津住宅用地供应量 2378 万平方米，同比增加 40%，成为全国供应土地最多的城市。2009 年天津住宅用地成交量 2176 万平方米，同比增加 32%（图 2-47）。

2009 年天津住宅用地供应体量较大，供求相对平衡，市场竞争并不激烈，没有出现房企盲目抢地的现象，地块以底价成交为主。2009 年天津住宅用地挂牌楼面价为 1193 元/平方米，同比下跌 20%；成交楼面均价为 1250 元/平方米，同比增长 40%（图 2-48）。

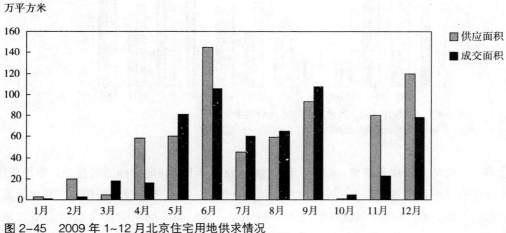

图 2-45　2009 年 1~12 月北京住宅用地供求情况
资料来源：中国指数研究院数据信息中心、中国房地产指数系统

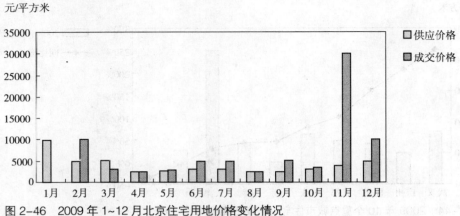

图2-46 2009年1~12月北京住宅用地价格变化情况
资料来源：中国指数研究院数据信息中心、中国房地产指数系统

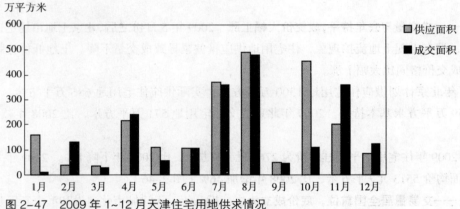

图2-47 2009年1~12月天津住宅用地供求情况
资料来源：中国指数研究院数据信息中心、中国房地产指数系统

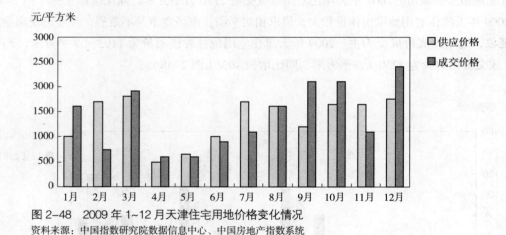

图2-48 2009年1~12月天津住宅用地价格变化情况
资料来源：中国指数研究院数据信息中心、中国房地产指数系统

上海——住宅用地供不应求，地价上涨较快 2009年上海住宅用地需求强劲，市场竞争激烈，土地出让逐渐以预公告方式为主，提前披露土地出让信息，有利于明确市场预期，减少开发商拿地的盲目性。上海2009年预计供应住宅用地1597万平方米，但实际供应量约1243万平方米；住宅用地成交量606万平方米，同比增加43%（图2-49）。

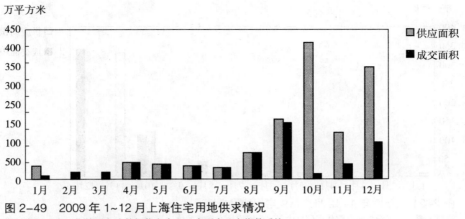

图 2-49　2009 年 1~12 月上海住宅用地供求情况
资料来源：中国指数研究院数据信息中心、中国房地产指数系统

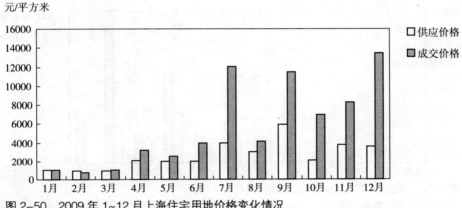

图 2-50　2009 年 1~12 月上海住宅用地价格变化情况
资料来源：中国指数研究院数据信息中心、中国房地产指数系统

2009年上海土地出让采取低价挂牌策略，推出地块楼面均价为3226元/平方米，同比微涨6%（图2-50）。但是，上海住宅用地市场竞争激烈，大幅度提升了地价，"迪斯尼"项目直接拉升了郊区成交价格。2009年上海住宅用地成交楼面均价8042元/平方米，同比增加150%。

广州——诞生总价地王　随着广佛一体化进程加速，广州用地需求量将大增。但2009年广州土地供应较少，成交量不大，成交均价受具体地块的影响。

2009年广州计划住宅用地供应量250万平方米，实际供应量516万平方米（含番禺亚运城地块），同比增加138%。2009年广州住宅用地成交量516万平方米，同比增加210%（图2-51）。

2009年广州住宅用地平均挂牌均价为2657元/平方米，同比增长121%；成交地块楼面均价4204元/平方米，同比增长89%（图2-52）。番禺区亚运城项目用地成交总价255亿元，超过长沙三角洲地块，成为中国实行招拍挂以来成交总价最高的地块。

深圳——住宅用地缺口较大　2009年深圳计划供应住宅用地110万平方米，但实际供应量仅73万平方米（图2-53），自2009年10月开始就没有住宅用地入市，市场处于供不应求的状态，使得深圳出现"逢地必争"的现象，推出地块全部高价成交，月度成交价格一直处于上升态势（图2-54）。深圳出台《城市更新办法》允许部分工业用地转为商住用地，这在一定程度上会增加住宅用地供应。加快住宅用地入市量是缓解房价高企的有效途径。

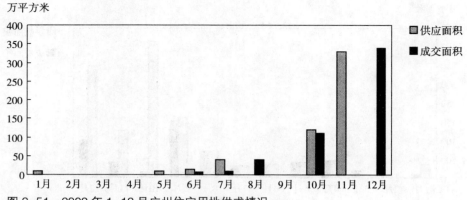

图 2-51　2009 年 1~12 月广州住宅用地供求情况
资料来源：中国指数研究院数据信息中心、中国房地产指数系统

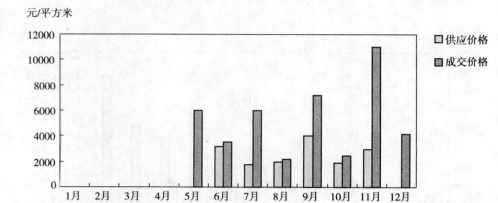

图 2-52　2009 年 1~12 月广州住宅用地价格变化情况
资料来源：中国指数研究院数据信息中心、中国房地产指数系统

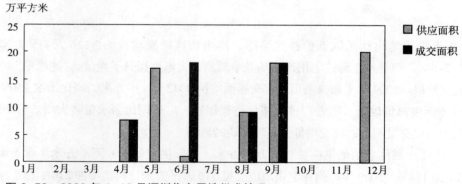

图 2-53　2009 年 1~12 月深圳住宅用地供求情况
资料来源：中国指数研究院数据信息中心、中国房地产指数系统

杭州——量价齐涨，土地出让金全国第二　从 2009 年 5 月份开始，杭州土地市场量价齐涨，住宅用地成交价格一直处于上升态势，政府土地出让金收入大幅上涨（图 2-55）。

2009 年杭州（包括余杭、萧山地区）共成交住宅用地 603 万平方米，同比增加 162%（图 2-55）；住宅用地平均成交楼面均价为 6553 元/平方米，同比增加 52%；全年土地出让金高达 986 亿元，仅次于上海，位居全国第二。

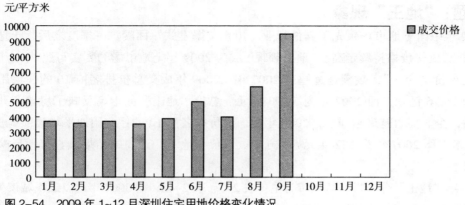

图 2-54　2009 年 1~12 月深圳住宅用地价格变化情况
资料来源：中国指数研究院数据信息中心、中国房地产指数系统

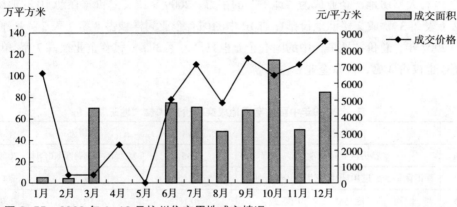

图 2-55　2009 年 1~12 月杭州住宅用地成交情况
资料来源：中国指数研究院数据信息中心、中国房地产指数系统

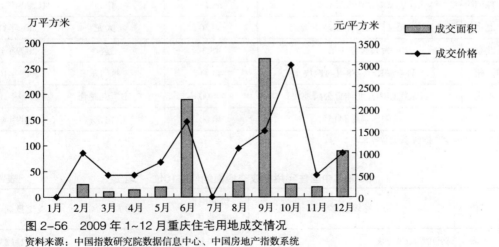

图 2-56　2009 年 1~12 月重庆住宅用地成交情况
资料来源：中国指数研究院数据信息中心、中国房地产指数系统

重庆——"地王"频现，量价齐涨　2009 年重庆住宅用地交易活跃，"地王"频现，成交量和成交价格均大幅上涨。2009 年重庆共成交住宅用地 709 万平方米，比 2008 年增长近 80%；住宅用地平均成交楼面地价 1563 元/平方米，比 2008 年上涨 81%（图 2-56）。

专题："地王"现象

2009年中国土地市场领先于其他行业，出现"爆发式"回暖。一季度之后，土地市场成交量逐渐增长，成交价格持续走高。"地王频现"成为2009年土地市场的真实写照，不论是总价"地王"还是单价"地王"，数额远远超过2007年。2009年成交总价排名前10的住宅用地平均成交金额为75.76亿元，而2007年为51.93亿元。总价"地王"的走高反映了房地产开发企业现金流充裕，企业实力越来越强大。2009年楼面地价排名前10的住宅用地平均楼面地价为26365元/平方米，而2007年为16234元/平方米。单价"地王"走高的结果最直接地反映在房价的快速上涨上。

2009年"地王"分布以一线城市为主（表2-3、表2-4），而2007年则以二线城市为主。2009年总价"地王"有7宗分布在京沪等一线城市，2007年总价"地王"仅2宗，8宗位于二线城市。2009年单价"地王"7宗分布在一线城市，而2007年单价"地王"仅4宗，6宗位于二线城市。

2009年国有大型房地产企业成为"地王"的主力。2009年成交总价排在前10的地块中国有企业独占8席（表2-3），成交楼面地价排在前10中的国有企业同样独占8席（表2-4）。而在房地产快速发展的2007年，总价"地王"中的国有企业也只是占了3席，民营企业独占7席；单价"地王"中的国有企业也仅占4席，民营企业独占6席。

2009年中国住宅用地成交总价前10位"地王" 表2-3

排名	城市	地块名称	成交总价（亿元）	竞得方	成交日期
1	广州	番禺区亚运城项目	255	富力雅居乐碧桂园联合体	2009年12月22日
2	上海	徐汇区斜土街道107街坊龙华路1960号地块	72.45	绿地	2009年9月30日
3	珠海	十字门商务区马骝洲及北山嘴地块	70.18	华发	2009年11月5日
4	上海	长风6B（B6）、7C地块	70.06	中海	2009年9月10日
5	珠海	唐家湾情侣北路南段	66.15	格力	2009年12月3日
6	北京	顺义区后沙峪镇地块	50.50	大龙	2009年11月20日
7	北京	大兴区亦庄镇	48.3	远洋	2009年12月4日
8	广州	科学城KXC-F8-1-1地块	43.41	雅居乐	2009年10月29日
9	重庆	江北嘴CBD江北体育公园地块	41.00	中海九龙仓	2009年10月28日
10	北京	朝阳区广渠路15号	40.60	中化方兴	2009年6月30日

数据来源：中国房地产指数系统数据库

2009年中国住宅用地成交楼面地价前10位"地王" 表2-4

排名	城市	地块名称	楼面地价（元/平方米）	竞得方	成交日期
1	上海	新江湾城C6地块	33147	中建	2009年12月23日
2	厦门	思明区03-14片区云顶南路东侧	30940	恒兴	2009年9月8日
3	北京	顺义区后沙峪镇地块	29859	大龙	2009年11月20日
4	苏州	独墅湖北、高和路南	28057	绿城	2009年9月22日
5	上海	徐汇区斜土街道107街坊龙华路1960号地块	27232	绿地	2009年9月30日

续表

排名	城市	地块名称	楼面地价（元/平方米）	竞得方	成交日期
6	杭州	上城区（南星桥粮库地块）	24295	西子	2009年8月18日
7	北京	朝阳区东风乡高井村	23506	保利	2009年12月17日
8	上海	徐虹北路8号地块	23245	上海城建	2009年9月2日
9	上海	真如城市副中心B1、B2南块	22461	绿地	2009年12月17日
10	上海	长风6B（B6）、7C地块	22409	中海	2009年9月10日

资料来源：中国房地产指数系统数据库

企业之所以争当"地王"，原因在于土地价格、房地产价格与资本获得之间的联动关系。这些企业中，上市公司通过资本市场、国有企业以国家信用通过银行信贷，能够低成本地获得大量融资，而在融资没有好的去向的状况下只得去购买土地，而购买高价土地的投资，可推动房价的上涨，进而推动公司预期收益率的上涨。实质上形成了一种土地、房地产、融资三者之间的联动循环。在宽松的货币政策背景下，品牌开发企业和大型国有开发企业有更为宽松的融资渠道，有更多的资金实力增加优质的高价地储备。而国企之所以能大手笔制造"地王"，则是因为国企旗下的房企资金状况、竞争实力都比其他企业高出一筹。

在房价上升过程中，频频出现的"地王"现象被认为进一步刺激了房价的上涨步伐。2009年11月20日，国土资源部推出两条政策，增加供地、控制"地王"：一是增加总供地量；二是在总供地量中控制高价地，多供应保障性住房用地和小规模商品房用地，同时对闲置土地进行查处。除了限制单宗土地出让规模外，诸如税收、闲置土地增值税等一系列控制"地王"的土地政策，有望被重新执行。

注释：

1 根据国家信息中心中国房地产信息网的分类办法，东部地区包括北京、天津、河北、辽宁、上海、江苏、浙江、福建、山东、广东和海南；中部地区包括山西、吉林、黑龙江、安徽、江西、河南、湖北和湖南；西部地区包括内蒙古、广西、重庆、四川、贵州、云南、西藏、陕西、甘肃、青海、宁夏和新疆。

2 保障性住房包括经济适用房和廉租房。政策性住房包括保障性住房、公共租赁房和限价商品房。

3 房地产业包括房地产开发经营、物业管理、房地产中介服务，以及其他房地产活动。

4 房地产开发包括住宅、办公楼、商业营业用房和其他。

5 一手房是指房地产开发商依法取得土地使用权后，在土地上建造并取得政府批准销（预）售的商品房。

6 二手房是已经在房地产交易中心备过案、完成初始登记和总登记的、再次上市进行交易的房产。

7 房地产信托投资基金是一种证券化的产业投资基金，通过发行股票（基金单位），集合公众投资者资金，由专门机构经营管理，通过多元化的投资，选择不同地区、不同类型的房地产项目进行投资组合，在有效降低风险的同时通过将出租不动产所产生的收入以派息的方式分配给股东，从而使投资人获取长期稳定的投资收益。

8 按照《城市用地分类与规划建设用地标准》，住宅用地（RX1）指的是住宅建筑用地。

9 居住用地包括住宅用地、道路用地、公共服务设施用地和绿化用地。

10 资料来源：中国指数研究院《2009年全国重点城市住宅用地市场情报》。

第三章 住房需求与住房市场

3.1 住房需求

3.1.1 经济发展及收入水平

经济发展的水平是住房需求的重要决定因素,经济增长的速度与住房需求增长的速度基本是正相关的关系。经济发展的水平直接决定家庭人均可支配收入的水平,也直接决定了购房支付能力的高低。一般说来,家庭人均收入水平提高,就会增加对住房的需求,反之,就会减少对住房的需求。

2009年我国率先实现经济形势总体回升向好,实现国内生产总值(GDP)34.05万亿元,同比增长9.1%;2009年我国城镇居民人均可支配收入17175元,实际增长9.8%;2009年商品住宅成交均价[1]为4473元/平方米,比2008年上涨19%(图3-1)。总体来看,国内生产总值、人均可支配收入和房价呈上涨趋势,三者中房价波动最大。

住房需求还受住房收入比的影响,住房收入比最现实地反映居民的住房购买力,按照国际惯例,目前比较通行的说法认为房价收入比在3~6倍之间为合理区间。以一个人口为3人的家庭为例,按人均可支配收入17175元计算,则家庭年收入为51525元,购买一套单价为4473元/平方米、面积90平方米的住房需要付的总房价为402597元,由此计算得出住房收入比为7.8,高于国际上通认的合理区间,由此可知我国城市居民购房压力仍是很大的。

3.1.2 人口与家庭结构

住房是家庭生活的必须场所,毋庸置疑,家庭及人口增加必然伴随住房需求的增加,因此,家庭或人口的增长幅度从根本上决定住房需求的增长。到2009年,我国的城镇人口按统计口径算,

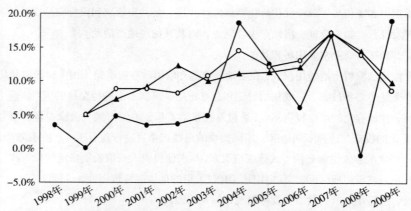

图3-1 1998~2009年我国国内生产总值、城镇居民人均可支配收入及商品住宅均价情况
资料来源:国家统计局

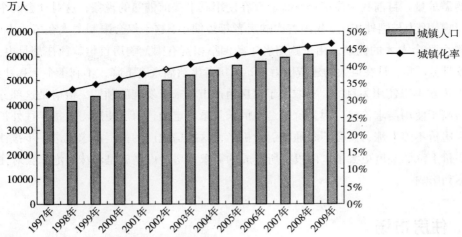

图3-2 1997~2009年我国城镇化发展情况
资料来源：国家统计局

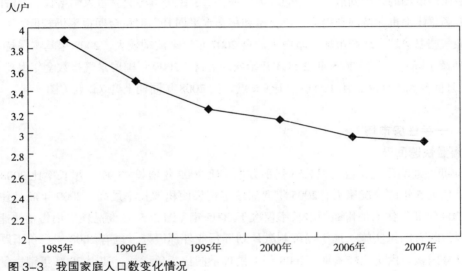

图3-3 我国家庭人口数变化情况
资料来源：国家统计局

已经达到了6.22亿人，城镇化率提高到46.6%，比2008年提高了近1个百分点。我国的城镇化率已经逐步接近中等收入国家的平均水平（图3-2）。

从我国家庭人口结构的因素看，近几年家庭人口数在逐步降低，家庭规模日趋小型化，三口之家成了家庭结构的主流模式，1985年的家庭人口数为3.89，2007年下降到2.91（图3-3），由此导致家庭户数的增加。目前，我国的家庭人口数已经降到一个比较低的水平，今后，家庭规模缩小的可能性不是很大。但从另外一个方面讲，由于人口老龄化日趋突出，家庭人口数反而会有增长，相应地增加了对住房的需求。

3.1.3 使用需求与投资需求

住房需求可以分为使用需求和投资需求，其中，住房使用需求又包括基本型和改善型两种，城镇人口的增加、人均住房面积的改善分别是基本型和改善型需求的主要来源，这两种需求反映了住宅最真实的需求量。目前我国住房市场普遍存在使用需求提前催熟的现象，这对社会及个人发展会产生负面影响，因为与国外相比，我国首次购房者年龄偏小，这不仅会限制个人在事业方面的发展，也会限制整个社会人才的流动；由于购房者年龄偏小积蓄有限，购房首付款往往都是由父母负担，啃老族现象日益严重；且在巨大的还贷压力下，购房者生活满意度下降，不利于个人和社会的发展。

投资型需求不以使用为目的，它取决于对房地产市场未来发展的预期，恰恰是这部分需求造成了住房价格高于使用需求价格。因为价格是由供求关系决定的，由于使用需求每年往外扩张，则房价会上涨；房价不停上涨，又会不断地吸引投机者，这样房地产的投资需求就进一步被往外推，其结果就是房价上涨的幅度更大了。由投机所造成的需求和房价虚增就是泡沫，泡沫会对住房市场的发展产生不利影响。

3.2 住房市场

2009年，为应对国际金融危机，国家采取了一系列促进房地产市场健康发展的政策，住房市场恢复上行，一手住房销售面积大幅增加，销售价格由降转升，涨幅快速增加；同时，多项税费优惠政策为二手住房市场的运行创造了良好的政策环境，二手住房市场交易量大幅增长，价格回升显著；租赁住房市场总体上也保持回升趋势，成交量和租金水平回升，但租金回报率仍较低。

国房景气指数[2]是房地产市场的晴雨表。自2007年以来波动较大，2007年基本保持上升趋势，2008年起持续下降，一直到2009年2月才开始恢复上行。2009年国房景气指数全年保持上升趋势，2009年12月回升到103.66，比1月份上升9.6点，比2008年同期上升7.2点（图3-4）。

3.2.1 一手住房市场

1. 销售量快速回升

2009年我国商品住宅销售面积8.53亿平方米，比2008年增长43.9%，增长率比2008年高64.2个百分点。从近5年的情况来看，2005年商品住宅销售面积增长率最高，2009年商品住宅销售面积最多，2009年商品住宅销售面积增长率仅次于2005年（图3-5）。商品住宅销售量快速增长有多方面的原因，既有国家实施一揽子经济刺激计划等行业外部因素，也有2008年房价下跌、购房推迟等行业自身因素。由于比较基期（2008年）销售量同比为负增长，使得2009年销售量增长幅度显得较为突出。

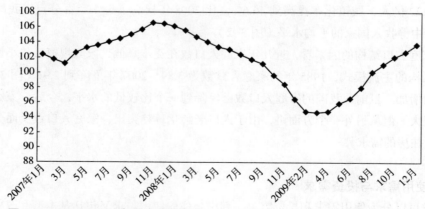

图3-4　2007~2009年国房景气指数
资料来源：国家统计局

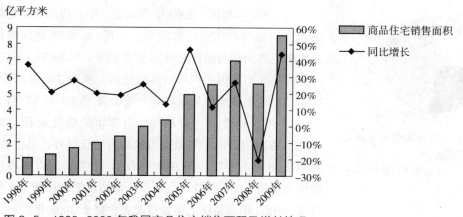

图 3-5　1998~2009 年我国商品住宅销售面积及增长情况
资料来源：历年《中国统计年鉴》、中国房地产信息网 www.realestate.cei.gov.cn

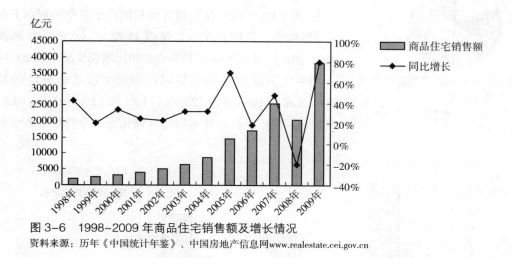

图 3-6　1998~2009 年商品住宅销售额及增长情况
资料来源：历年《中国统计年鉴》、中国房地产信息网 www.realestate.cei.gov.cn

2009 年全国商品住宅销售额 38157.2 亿元，比 2008 年增长 17733.14 亿元，同比增长 80%，增长率比 2008 年高 100.1 个百分点。从近 5 年的情况来看，2009 年商品住宅销售额及其增长率都达到了近年最高点（图 3-6）。

2009 年我国商品住宅销售面积中，现房销售面积 2.31 亿平方米，比 2008 年增长 19.5%，占商品住宅销售面积的 27%；期房销售面积 6.22 亿平方米，比 2008 年增长 55.7%，占商品住宅销售面积的 73%。商品住宅销售额中，现房销售额 8517.8 亿元，同比增长 54.8%，占商品住宅销售额的 22%；期房销售额 29639.4 亿元，同比增长 88.8%，占商品住宅销售额的 78%。由此可见，期房销售面积和销售额增长率及其占比都远远超过了现房，这种现象揭示了住房需求中仍有大部分为投资型需求，炒房、炒"楼花"现象仍然普遍存在。

从各地区情况来看，2009 年我国东、中、西部地区商品住宅销售面积分别为 43287.85 万平方米、19991.19 万平方米和 22015.38 万平方米，分别占总销售面积的 49%、25% 和 26%；东、中、西部地区商品住宅销售额分别为 25786.5 亿元、5670 亿元和 6700.8 亿元，分别占总销售额的 64%、17% 和 19%。从所占比重情况看，无论是销售面积还是销售额，东部地区都占了全国总量的较大份额，西部地区略高于中部地区（图 3-7、图 3-8）。

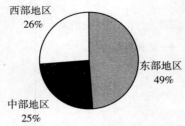

图 3-7 2009 年我国各地区商品住宅销售面积占比
资料来源：中国房地产信息网www.realestate.cei.gov.cn

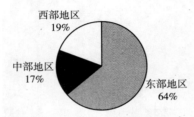

图 3-8 2009 年我国各地区商品住宅销售额占比
资料来源：中国房地产信息网www.realestate.cei.gov.cn

与 2008 年相比，2009 年我国东、中、西部三个地区的商品住宅销售面积与销售额均出现增长，其中，东部地区增长最大，商品住宅销售面积与销售额分别上涨 50.3% 和 89.5%；其次为西部地区，商品住宅销售面积与销售额分别上涨 41.7% 和 67.7%；中部地区商品住宅销售面积与销售额分别上涨 33.8% 和 57.9%（图 3-9）。

从全国 31 个省、自治区、直辖市的情况来看，2009 年商品住宅销售面积、销售额除了西藏是负增长以外，其余省、直辖市、自治区均为正增长。而 2008 年仅有 11 个省、直辖市、自治区销售额为正增长，6 个省、直辖市、自治区销售面积为正增长。由此可见，2009 年商品住宅销售情况大大好于 2008 年。

2009 年商品住宅销售面积同比增长率位居前五位的是福建 93.7%、浙江 91.3%、北京 82.3%、贵州 77.9% 和四川 68.9%（图 3-10）；而 2008 年商品住宅销售面积同比增长率位居前五位的是西藏 455.97%、吉林 17.12%、海南 11.72%、辽宁 4.4% 和内蒙古 3.14%。由此可见，2008 年销售面积同比增长情况不如 2009 年。

2009 年商品住宅销售额同比增长率位居前五位的是浙江 145%、福建 131%、贵州 122.6%、上海 122.2% 和江苏 110.2%（图 3-11）。而 2008 年商品住宅销售额同比增长率位居前五位的是西

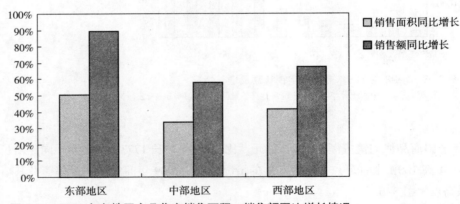

图 3-9 2009 年各地区商品住宅销售面积、销售额同比增长情况
资料来源：中国房地产信息网www.realestate.cei.gov.cn

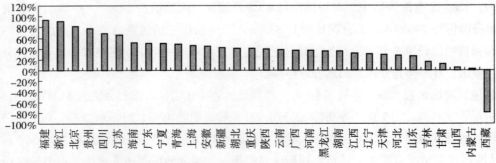

图 3-10 2009 年各地区商品住宅销售面积同比增长情况
资料来源：中国房地产信息网www.realestate.cei.gov.cn

藏 1418.75%、海南 40.2%、吉林 30.41%、陕西 16.41% 和内蒙古 14.99%。由此可见，2009 年销售额同比增长情况好于 2008 年。

2. 销售价格涨幅回升

近 10 年来，新建商品住房销售价格持续走高。2009 年新建商品住宅销售价格为 4473 元/平方米，比 2008 年上涨 25%，增长率比 2008 年高 25.9 个百分点，销售价格涨幅创历史新高（图 3-12）。

从 2009 年各季度情况看，新建商品住宅销售价格指数（环比）平缓上涨，由第一季度的 100.2 上涨到第四季度的 102.2，上涨了 2 个点；与 2008 年相比，销售价格指数（同比）涨幅较大，由第一季度的 97.8 上涨到第四季度的 110.1，上涨了 12.3 个点。

分类型看，2009 年普通商品住房和高档商品住房销售价格均出现回升。普通商品住房销售价格指数（同比）由第一季度的 98.2 上升到第四季度的 111，上涨了 12.8 个点；高档商品住房销售价格指数（同比）由第一季度的 96.3 回升到第四季度的 107.2，上涨了 10.9 个点。普通商品住房销售价格上涨略高于高档商品住房（图 3-13）。

2009 年 12 月我国 70 个大中城市中，新建商品住宅销售价格除了唐山是负增长外，其他城市都是正增长，同比涨幅较大的前五个城市分别是：广州 19.9%、金华 14.9%、深圳 14.3%、海口 13.4% 和北京 13.2%（图 3-14）。而 2008 年新建商品住宅销售价格增长率位居前五位的城市是银川 9.1%、温州 8.1%、金华 6.9%、北海 6.6% 和三亚 6.1%。可见，2009 年新建商品住宅销售价格增长率高于 2008 年。

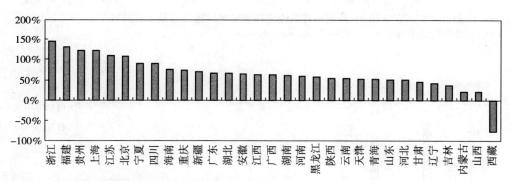

图 3-11　2009 年各地区商品住宅销售额同比增长情况
资料来源：中国房地产信息网 www.realestate.cei.gov.cn

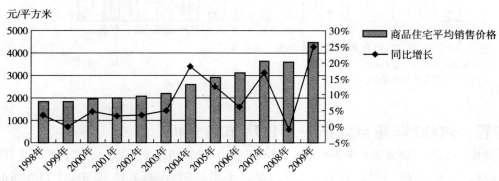

图 3-12　1998~2009 年新建商品住宅销售价格情况
资料来源：中国房地产信息网 www.realestate.cei.gov.cn

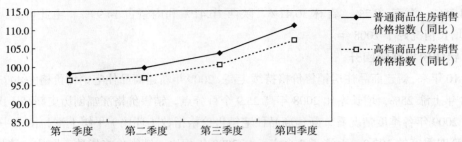

图 3-13 2009年普通商品住宅、高档商品住宅销售价格变化情况
资料来源：中国房地产信息网www.realestate.cei.gov.cn

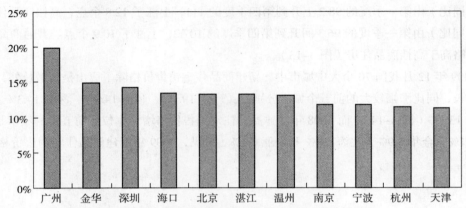

图 3-14 2009年12月新建商品住宅销售价格同比涨幅前十位城市
资料来源：中国房地产信息网www.realestate.cei.gov.cn

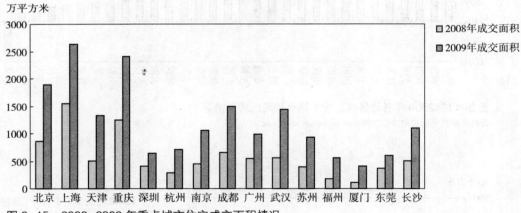

图 3-15 2008~2009年重点城市住宅成交面积情况
资料来源：www.soufun.com
（注：北京数据不包含保障性住房）

专题：2009年重点城市一手住房市场分析[3]

我国城市众多，经济发展水平各不相同，反映到住房市场上也是有所差异的。这里以北京、上海、天津、重庆、深圳、广州、杭州、南京、成都、武汉、苏州、福州、厦门、东莞和长沙15个城市为例，具体分析各个城市一手住房市场的各项情况（图3-15、图3-16）。

北京——新增供应量不足 受2008年国际金融危机以及房地产市场悲观预期的影响，2009年北京商品住宅新增供应量大幅下降。2009年1~11月，北京商品住宅（期房，不含保障性住房）累计新增76183套，比2008年下降15.6%，成为自2005年以来的最低点（图3-17）。住房市场供求矛盾明显加剧，1~11月累计销供比为1.47：1，是近5年来的最高点（图3-18）。

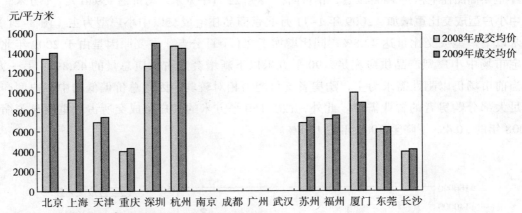

图3-16　2008~2009年重点城市住宅成交价格情况
资料来源：www.soufun.com
（注：北京数据不包含保障性住房）

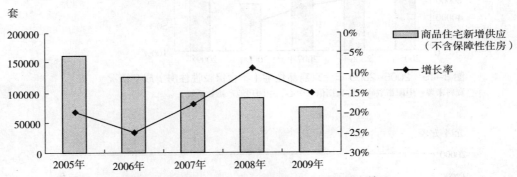

图3-17　2005~2009年北京商品住宅（不含保障性住房）新增供应情况
资料来源：中国指数研究院数据信息中心、中国房地产指数系统

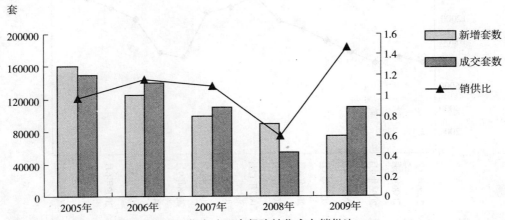

图3-18　2005~2009年北京商品住宅（不含保障性住房）销供比
资料来源：www.soufun.com

量价齐涨 2009年，在多项购房优惠政策的刺激下，住房刚性需求集中释放，北京商品住宅市场快速回暖。2009年全年，北京商品住宅销售117641套，销售面积2028.50万平方米，同比2008年上涨84.52%，增长率达到近5年最高点（图3-19）；北京商品住宅销售均价13104元/平方米，同比2008年上涨16.38%，价格也达到了近5年新高（图3-20）。如果排除政策性住房后，北京2009年全年商品住宅销售160649套，销售面积1890.22万平方米，均价约13940元/平方米。

中小户型成交比重增加 2009年1~11月北京商品住宅成交以中小户型为主（图3-21），90平方米以下户型成交比重达42.8%，同比增加了2.1个百分点，主要原因是由于2009年北京商品住宅市场中小户型产品供应充足，90平方米以下新增套数占供应总量的43.8%。另一方面，由于当前市场仍以刚性需求为主，购房者支付能力相对较弱，因此总价偏低的中小户型产品更能满足大部分购房者的置业需求。此外，120~160平方米的大户型成交所占比重明显萎缩，即从2008年的20.4%下降至2009年的17.8%。

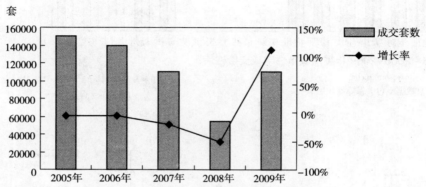

图3-19 2005~2009年北京商品住宅（不含保障性住房）成交情况
资料来源：中国指数研究院数据信息中心、中国房地产指数系统

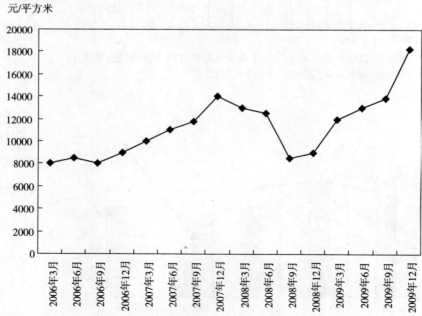

图3-20 2006~2009年北京商品住宅（不含保障性住房）价格走势
资料来源：中国指数研究院数据信息中心、中国房地产指数系统

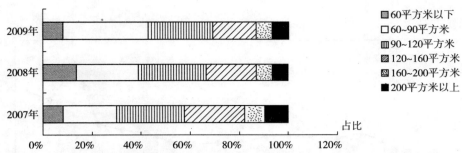

图 3-21　2007~2009 年北京商品住宅（不含保障性住房）不同套型面积的销售量比例
资料来源：中国指数研究院数据信息中心、中国房地产指数系统

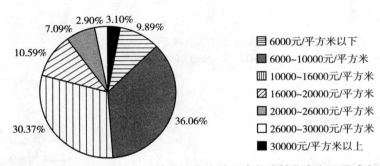

图 3-22　2007~2009 年北京商品住宅（不含保障性住房）不同成交价的销售量比例
资料来源：中国指数研究院数据信息中心、中国房地产指数系统

高端住宅成交比重增加　2009 年，北京高端住宅成交比重明显增加（图 3-22），主要原因是楼市回暖、大量投资及改善型需求的入市。2009 年 1~11 月，成交均价 20000 元/平方米以上的商品住宅成交比重达 13.0%，比 2008 年上涨了 8.1 个百分点。其中，20000~26000 元/平方米价格段涨幅最大，达 3.8 个百分点。

上海——新增供应量显著增长　2009 年在政府"保增长、扩内需"等一系列优惠政策的拉动下，上海房地产市场效果逐渐显现，住宅成交量快速回升，刺激了开发商的推盘意愿，住宅新增供应量较 2008 年明显好转，新增供应面积稳步提高。2009 年全年上海住宅累计新增 2276.89 万平方米，同比 2008 年上涨 21.7%。

量价齐增　2009 年上海商品住宅市场量价齐增，一方面是由于 2008 年地产市场低迷，累积的购房意愿在 2009 年集中释放，有效地拉升了成交量；另一方面是因为银行信贷规模的增长刺激了购房需求增加，改善、投资型需求相继入市，成交量、成交价格持续上涨。2009 年全年，上海商品住宅销售 243100 套，销售面积 2631.27 万平方米，同比 2008 年上涨 69.27%；商品住宅销售均价 11790 元/平方米，同比 2008 年上涨 27.56%，价格达到近 5 年历史新高（图 3-23）。

广州——新增供应量下降　2009 年 1~11 月，广州商品住宅新批面积 605.33 万平方米，同比下降 12.91%。除 4、5、9 月新批量同比增长外，其余各月住宅预售面积均低于 2008 年同期水平（图 3-24）。

成交量大幅上涨　2009 年 3 月以来，在政府多项利好政策的促进下，先前积累的需求大量释放，广州商品住宅成交量同比大幅上涨，1~11 月广州商品住宅交易面积 903.94 万平方米，与 2008 年相

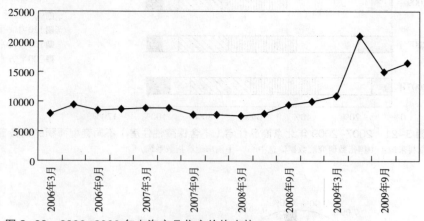

图 3-23 2006~2009 年上海商品住宅价格走势
资料来源：中国指数研究院数据信息中心、中国房地产指数系统

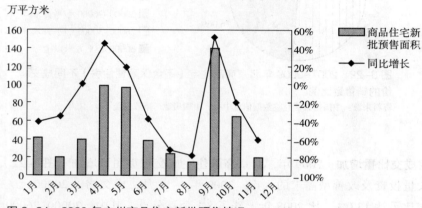

图 3-24 2009 年广州商品住宅新批预售情况
资料来源：中国指数研究院数据信息中心、中国房地产指数系统

比上升接近九成，其中 8 月交易量更接近 170 万平方米，同比增长近两倍（图 3-25）。

价格逼近 2007 年高位水平 2009 年，随着广州商品住宅成交量的增长，住宅成交价格持续上升，6 月回升至 2008 年同期水平；7 月成交均价过万；11 月均价达 10282 元 / 平方米，逼近 2007 年高位水平（图 3-26）。

天津——成交面积、均价创新高 2009 年在宏观政策环境适度宽松、先前积累的大量购房需求集中释放等因素影响下，天津商品住宅成交 1329.6 万平方米，同比大幅上涨 165.78%；商品住宅成交均价持续上涨，超过 7400 元 / 平方米，同比 2008 年上涨 7.03%，成交量和价格均创下历史新高（图 3-27）。

重庆——供给量同比下降 2009 年，重庆商品住房供给量同比下降，主城区新批准预售面积为 1837.82 万平方米，比 2008 年下降 6.8%（图 3-28）。

成交量创新高 近年来，重庆商品住房成交量不断上涨。2009 年在宽松的货币政策、房贷利率 7 折优惠、大规模旧城拆迁等多重因素的刺激下，被抑制了一年的市场需求集中释放，全年共销售

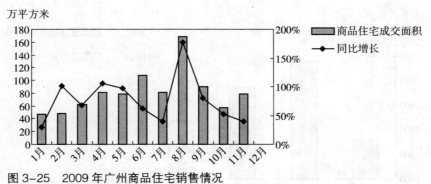

图 3-25 2009 年广州商品住宅销售情况
资料来源：中国指数研究院数据信息中心、中国房地产指数系统

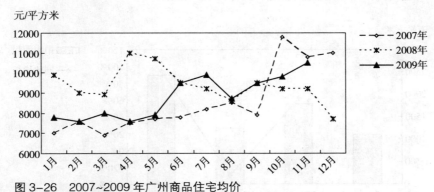

图 3-26 2007~2009 年广州商品住宅均价
资料来源：中国指数研究院数据信息中心、中国房地产指数系统

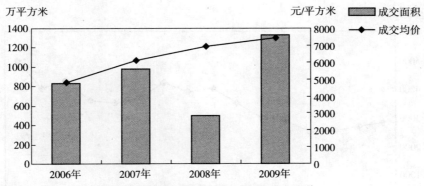

图 3-27 2006~2009 年天津商品住宅成交面积与成交均价
资料来源：中国指数研究院数据信息中心、中国房地产指数系统

商品房 2435.68 万平方米，同比大幅增长 94.51%，创历史新高（图 3-29）。

成交均价持续上涨 2009 年重庆商品房销售均价 4296 元 / 平方米，比 2008 年上涨 7.46%，创历史新高（图 3-30）。2009 年房价快速上涨的原因：一是需求大幅增长，新增供给难以满足市场需求，市场供不应求；二是利率打折、契税减免等优惠措施使得购房者的购房成本降低，从而间接提升了市场的实际购买力。

深圳——成交量涨幅较大 2009 年 1~11 月，深圳商品住宅批准上市面积共 395.89 万平方米，

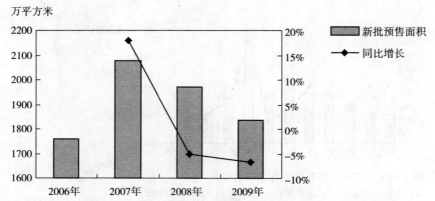

图 3-28 2006~2009 年重庆主城区商品房新批预售面积和同比增长率
资料来源：中国指数研究院数据信息中心、中国房地产指数系统

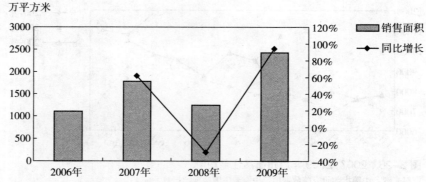

图 3-29 2006~2009 年重庆主城区商品房销售面积及同比增长率
资料来源：中国指数研究院数据信息中心、中国房地产指数系统

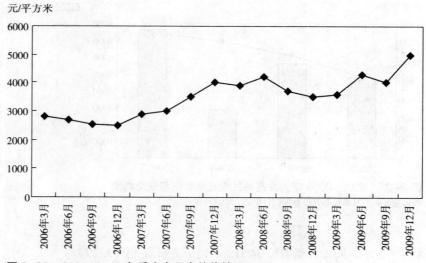

图 3-30 2006~2009 年重庆商品房价格情况
资料来源：中国指数研究院数据信息中心、中国房地产指数系统

同比 2008 年下降 36.42%。2009 年全年，深圳商品住宅销售 68718 套，销售面积 637.44 万平方米（图 3-31），比 2008 年上涨 56.58%。深圳商品住宅销售均价 14973 元／平方米（图 3-32），同比 2008 年上涨 18.32%，供给不足是深圳 2009 年价格大幅上涨的重要原因。

杭州——供应明显不足 受 2008 年国际金融危机以及部分房地产企业对市场悲观预期的影响，2009 年杭州商品住宅新增供应下滑明显（图 3-33）。2009 年杭州商品住宅累计新增 4.11 万套、446.47 万平方米，同比 2008 年分别下降 15.42%、15.47%。

成交量创新高 2009 年，在多项购房优惠政策的刺激下，前期大量受抑的刚性需求集中释放，加之优惠的购房政策，以及部分楼盘打折促销影响，杭州商品住宅市场快速回暖。全年杭州商品住宅累计成交 5.42 万套、613.97 万平方米，同比 2008 年均上涨 205%，创下 2004 年以来杭州历史成交量最高（图 3-34）。

成交均价小幅下降 2009 年杭州商品住宅成交均价为 14507 元 / 平方米，同比下跌 1.8%，价格小幅下降（图 3-35）。

中小户型成交比重逐步增加 2009 年杭州商品住宅成交以中小户型为主，90 平方米以下户型成交比重达 41%（图 3-36），同比增长 2 个百分点，主要原因是由于 2009 年杭州商品住宅市场中小户型产品供应充足，90 平方米以下新增套数占供应总量的比重明显增加。另一方面，由于当前市场仍以刚性需求为主，购房者支付能力相对较弱，因此总价偏低的中小户型产品更能满足大部分购房者的置业需求。

中高端住宅成交比重较大 随着杭州楼市的回暖、大量投资及改善型需求入场，高端住宅成交比重明显增加。2009 年，成交均价 18000 元 / 平方米以上的高端住宅成交比重为 20%，成交均价

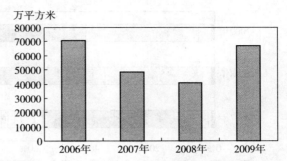

图 3-31 2006~2009 年深圳商品住宅成交面积情况
资料来源：中国指数研究院数据信息中心、中国房地产指数系统

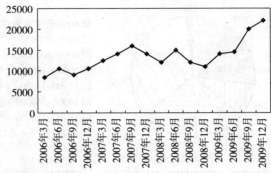

图 3-32 2006~2009 年深圳商品住宅成交价格情况
资料来源：中国指数研究院数据信息中心、中国房地产指数系统

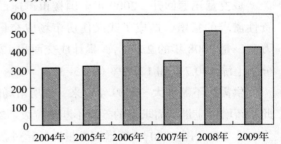

图 3-33 2004~2009 年杭州商品住宅新增供应情况
资料来源：中国指数研究院数据信息中心、中国房地产指数系统

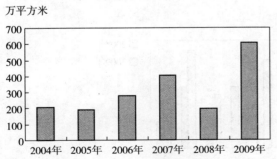

图 3-34 2004~2009 年杭州商品住宅成交情况
资料来源：中国指数研究院数据信息中心、中国房地产指数系统

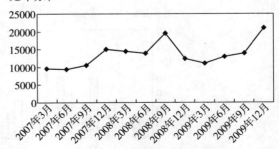

图 3-35 2007~2009 年杭州商品住宅成交价格情况
资料来源：中国指数研究院数据信息中心、中国房地产指数系统

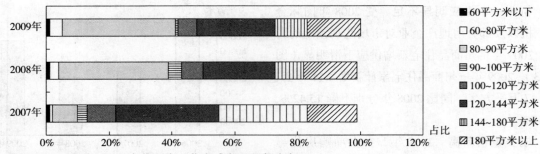

图 3-36 2007~2009 年杭州商品住宅成交面积段分布
资料来源：中国指数研究院数据信息中心、中国房地产指数系统

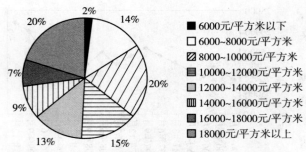

图 3-37 2009 年杭州商品住宅成交价格段分布
资料来源：中国指数研究院数据信息中心、中国房地产指数系统

10000~18000 元/平方米的中端住宅成交比重最大为 44%（图 3-37），体现出当前杭州住房市场仍以中高端楼盘为主。

武汉——新增供应量不足 2009 年武汉商品住宅累计新增供应面积 568.77 万平方米，与 2008 年相比下跌 30.01%（图 3-38）。主要原因是 2008 年房地产市场萎靡，导致开发投资和新开工面积持续低迷，虽然 2009 年住房市场回暖的程度和持续时间超出市场预期，但新增供应量的增长缺乏有力支撑，因此新增供应量不足成为了必然现象。

成交量迅速回升 2009 年全国楼市迅速回暖，由于刚性需求的释放、改善性需求的发力和投资性需求的猛增，造成了武汉住房市场成交量大增。2009 年，武汉商品住宅累计成交套数 11.53 万套，是 2008 年的 2.27 倍；累计成交面积 1200.72 万平方米，成交金额 635.87 亿元，比 2008 年分别上涨 130.7% 和 122.7%（图 3-39）。

供需比不断加大 2009 年以来，住房市场旺盛，需求量不断加大，但供应量下降幅度较大。因此，新增供应量与需求量的差距不断被拉大。2009 年武汉商品住宅累计供应面积与成交面积的比值为 1∶2.11（图 3-40），新增需求量远远超过新增供应量。

价格持续平稳增长 2009 年，武汉商品住宅全年成交均价为 5296 元/平方米，同比上涨 8.46%。从全年走势来看，武汉商品住宅成交均价呈现平稳上升态势，截至年底，武汉商品住宅成交均价达

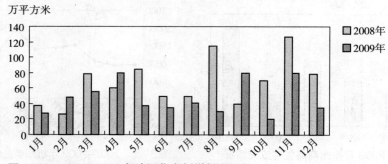

图 3-38 2008~2009 年武汉住宅新增供应面积
资料来源：中国指数研究院数据信息中心、中国房地产指数系统

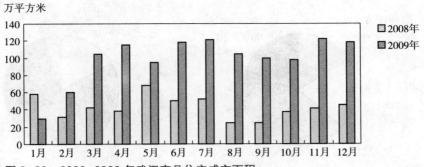

图 3-39　2008~2009 年武汉商品住宅成交面积
资料来源：国家统计局、中国房地产指数系统

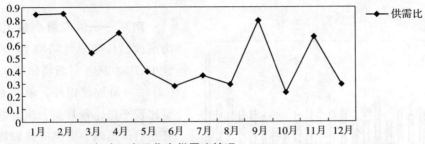

图 3-40　2009 年武汉商品住宅供需比情况
资料来源：国家统计局、中国房地产指数系统

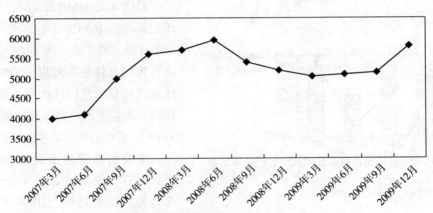

图 3-41　2007~2009 年武汉商品住宅成交价格情况
资料来源：国家统计局、中国房地产指数系统

到 5795 元 / 平方米，比年初上涨了 15.09%（图 3-41）。

成交面积以中等户型为主　2009 年，武汉商品住宅成交面积以 90~120 平方米的中等户型为主，全年成交占比达到 34%；90 平方米以下户型的占比为 29%；120~140 平方米中大户型的占比为 21%；140 平方米以上大户型的比例最低，为 16%（图 3-42）。

成交户型以 3 房为主　2009 年，武汉商品住宅成交户型以 3 房为主，全年成交占比达到 47%；2 房的成交占比为 31%；4 房及以上成交占比为 17%；1 房成交的比例最低，为 5%（图 3-42）。

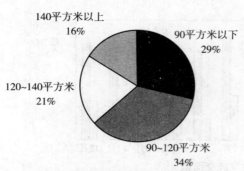
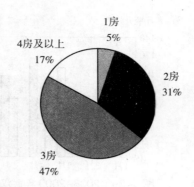

图 3-42　2009 年武汉商品住宅成交面积、户型分布情况
资料来源：国家统计局、中国房地产指数系统

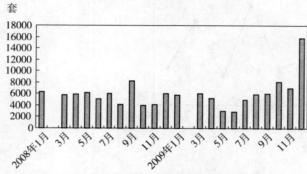

图 3-43　2008~2009 年南京商品住宅新增供应情况
资料来源：国家统计局、中国房地产指数系统

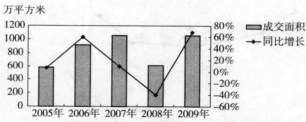

图 3-44　2005~2009 年南京商品住宅成交面积及同比增长率
资料来源：国家统计局、中国房地产指数系统

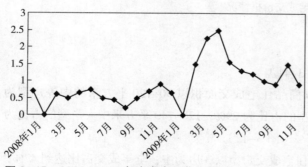

图 3-45　2008~2009 年南京商品住宅供销比
资料来源：国家统计局、中国房地产指数系统

南京——供应量小幅上涨　2009 年，南京商品住宅累计新增 74109 套，同比上涨 11.7%。从各月新增供应来看，除 5 月、6 月供应量放缓以外，前三季度新增供应量比较平稳，各月新上市套数维持在 6000 套左右；第四季度供应比较集中，其中 12 月供应量达到最高点，新增商品住宅 15844 套（图 3-43）。

销售量明显回升　2009 年全年南京商品住宅累计成交 96630 套，同比上涨 127.3%，成交面积达 1083.2 万平方米，商品住宅成交整体呈上升趋势（图 3-44）。

市场总体供不应求　2009 年南京商品住宅供应量虽然同比小幅上涨，但销售量却同比大幅上涨，销供比达到 1.3：1（图 3-45），呈现出供不应求的局面。

成交价格逐步上涨　2009 年市场回暖，南京市新建商品住宅价格总体上呈现先抑后扬的趋势，2009 年年底房价比年初 1 月份上涨了 36%（图 3-46）。造成价格大幅上涨的主要原因是市场需求旺盛，供应不足导致供求矛盾加剧，推动房价上涨。

成都——成交量创历史新高，存量房被迅速消化　2009 年地震和金融危机的影响已逐渐散去，在购房优惠政策的刺激下，压抑的需求开始不断释放，同时成都市加大了旧城改造力度，造成拆迁置业需求大幅增长。因此，2009年成都住房市场迅速复苏，2009年成都市中心城区商品房成交面积达1550.28万平方米，同比增长131.22%。

专题：股市与楼市

在国际金融危机的阴影下，2009年我国股票市场并没有延续2008年的大熊市趋势，反而表现出异常繁荣的迹象，取得了上涨72.5%的好成绩。我国积极的财政政策和扩张性的货币政策是带来我国股市在萧条背景下不断上涨的重要因素。

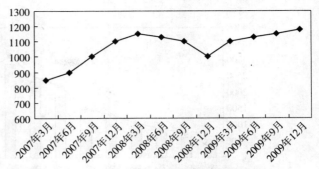

图3-46　2007~2009年南京商品住宅价格指数
资料来源：国家统计局、中国房地产指数系统

我国住房市场在2009年同样出现了回升态势，国房景气指数自2009年2月以来连续上升，到2009年12月上升到103.66，比去年同期上升7.2点（图3-47）。国家为应对国际金融危机，采取了一系列促进房地产市场健康发展的政策，对提振信心、活跃市场、解决低收入家庭住房困难问题、促进住房消费和投资发挥了重要作用。

股市与楼市是两个不同的市场，都有各自的运作模式和运行规律，在一定程度上相互影响。股市与楼市的关系，从纯经济学原理分析，是呈相反方向变动，当股市为牛市时，资金会从其他行业流出，进入股市；当房地产呈较高速发展时，股市的资金会流向房地产领域，也就是所谓的"跷跷板效应"。目前由于国内的投资渠道匮乏，大多数普通投资者持有资产的途径几乎都是通过股市和楼市两个渠道，因此出现热钱在股市和楼市之间奔走的情况。股市的震荡同时也会对楼市产生负面影响。股市的下跌让一些房地产企业上市融资增加困难，房地产公司上市受挫，不仅减少融资渠道，也使公司没有足够的资金用来买地，进而降低开发速度。因此，政府必须优化资本运作形式，加强宏观调控，促使股市与楼市健康发展。

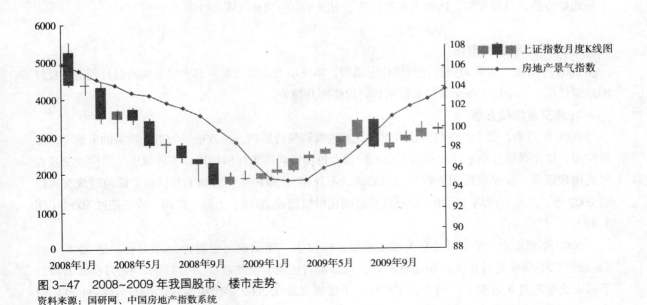

图3-47　2008~2009年我国股市、楼市走势
资料来源：国研网、中国房地产指数系统

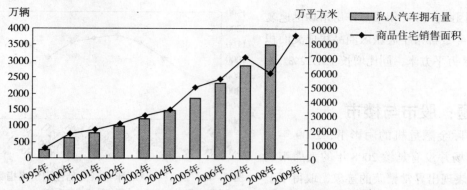

图 3-48　1995~2009 年我国私人汽车拥有量及商品住宅销售面积
资料来源：历年《中国统计年鉴》

专题：车市与楼市

汽车和住房是居民消费的主要组成部分，直接影响着居民消费的增长。为积极应对金融危机的冲击和影响，自 2008 年下半年开始，我国各级政府采取了一系列扩大消费需求，把住房和汽车作为扩大内需中重要的消费重点。

近十多年来，我国私人汽车拥有量持续增长。1995 年我国私人汽车拥有量为 249.96 万辆，2008 年增长到 3501.39 万辆，翻了十几倍（图 3-48）。近几年我国汽车销量上涨较快，2009 年 1 月份国内汽车销售 73.55 万辆，历史上首次超过美国获得全球销售冠军，截至 2009 年 11 月份，我国汽车销量超过 1200 万辆，而 2008 年同期销量为 860 万辆，同比增幅接近 40%。

我国汽车消费增长的原因：一是国民经济状况的改善和人民收入水平的提高；二是国家政策的引导，例如购置税的优惠；三是车价的吸引，近年不断推出的优惠价格吸引了更多的消费者；还有就是公共交通的局限性和私家车的便利性；除此之外，还有一个重要原因是因为住房价格居高不下，手里有一些余钱的人买不起房，只好转向汽车消费，也有一些人买了郊区价格便宜的住房，为了上下班通勤方便，只好买车。这些因素都促进了中国车市的快速发展。

3.2.2　二手住房市场

2009 年房地产宏观调控旨在鼓励住房消费，多项税费优惠政策为二手房市场的运行创造了良好的政策环境，二手房市场交易量大幅增长，价格回升显著。

1. 成交量增幅显著

2009 年以来，受个人住房转让营业税优惠政策调整的影响，买方市场为追赶政策的末班车而加紧购房，这使得部分原本计划年后入市的购房者也纷纷将需求提前释放，多数城市二手房成交量在年底出现跃升，交易规模创下近年来的新高，不仅相对 2008 年有大幅上升，也全面超过成交火爆的 2007 年。北京、深圳、天津、杭州成交量同比增幅超过 200%，上海、广州、成都超过 100%（图 3-49）。

2009 年北京市二手房成交量大幅度增加，1~12 月二手房成交套数为 28.1 万套，是 2008 年的 3.8 倍；二手房成交量在 3 月份出现跃升，之后每月成交套数均在 2 万套以上；12 月份北京市二手房成交量超过 4 万套。广州市、深圳市二手房成交量在 2009 年快速回升，2009 年 1~11 月广州市二手房成交面积为 1037 万平方米，成交套数为 10.7 万套，比 2008 年同期增加 68.4%，成交面积超过2007年的同期水平。深圳市2009年1~9月份二手房成交面积达到838万平方米，比2008年同比增加2.3倍，成交量超过2007年同期水平。其他部分城市2009年二手房交易量大幅增加，如2009年1~11月成都市二手房成交5.2万套，同比增加88%（图3-49）；2009年1~11月郑州市二手房成交24422套，比2008年同期增加1.2倍；2009年1~11月宁波市二手住宅成交3.5万套，约是2008年同期的3倍。

2009年，二手房交易占当地住宅市场交易比重不断提高，一线城市二手房成交量纷纷超过新房。2007年以来，北京、上海、广州、深圳、天津、杭州二手房成交量（套数）占本市住宅（新房＋二手房）市场成交比重均达到甚至超过40%；2009年，北京、广州、上海二手房成交量占本市住宅成交量比重超过50%，市场格局逐渐由新房主导逐渐向二手房主导转变（图3-50）。

2. 成交价格持续上涨

2009年二手住宅价格同比上涨2.4%，涨幅比新建住宅高1.2个百分点（图3-51）。2009年二手住宅价格环比累计上涨6.9%，比新建住宅低2.1个百分点。二手住宅价格的变动幅度总体上小于新建住宅，但二者走势基本一致。

2009年二手住宅价格累计涨幅最高的10个城市分别是深圳（23.8%）、温州（19.3%）、杭州（14.0%）、厦门（13.0%）、金华（12.9%）、银川（11.6%）、南京（11.0%）、重庆（10.0%）、哈尔滨（9.3%）、大连（8.2%）；累计涨幅最低的10个城市分别是唐山（-1.8%）、呼和浩特（0.3%）、泉州（0.3%）、韶关（0.3%）、石家庄（0.4%）、平顶山（0.4%）、昆明（0.4%）、沈阳（0.6%）、合肥（0.6%）和襄樊（0.9%）。

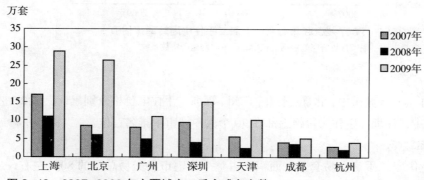

图3-49 2007~2009年主要城市二手房成交套数
资料来源：中国指数研究院数据信息中心、中国房地产指数系统

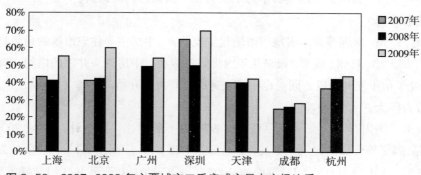

图3-50 2007~2009年主要城市二手房成交量占市场比重
资料来源：中国指数研究院数据信息中心、中国房地产指数系统

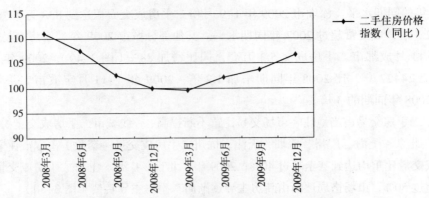

图 3-51　2008~2009 年 70 个大中城市二手住房价格指数变化情况
资料来源：中国房地产信息网 www.realestate.cei.gov.cn

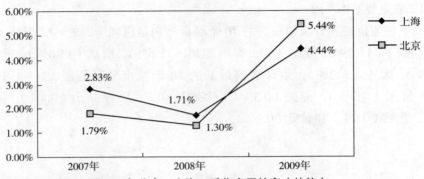

图 3-52　2007~2009 年北京、上海二手住房周转率（估值）
资料来源：中国指数研究院数据信息中心、中国房地产指数系统

2009 年 4 个一线城市中，北京、上海、广州、深圳二手住宅价格分别累计上涨 2.9%、7.4%、1.3% 和 23.8%。其中，深圳二手住房价格上涨在 70 个大中城市中排名首位。

3. 周转率较低

欧美发达国家二手房交易套数（面积）占整个住宅市场交易总量的 80% 左右，二手房年周转率[4]一般为 8% 左右。我国以北京、上海为例，以北京现有存量房 500 万套、上海 650 万套估算，2007~2009 年北京二手房周转率分别约为 1.79%、1.30%、5.44%，上海分别为 2.83%、1.71%、4.44%（图 3-52）。由此可见，我国二手房周转率低于欧美发达国家，尚待提高。

4. 区域城市差异

北京、上海、广州、深圳等城市房地产市场起步较早，二手房主导住宅市场的趋势将越来越明显。而在二线城市，如天津、杭州、成都，未来几年内将是新房和二手房齐头并进的格局。对于三线城市，二手房市场尚处于初步发展阶段，同时也将是快速成长阶段的开始。

5. 市场潜力巨大

2000 年以来，国内存量房交易量一直保持 60% 以上的增速。据统计，1998~2009 年，上海存量房与新建商品房交易套数的比例从 0.28：1 上升到 1.18：1；广州由 0.1：1 上升至 2.41：1；天津由 2000 年的 0.27：1 上升至 0.82：1；北京由 2003 年的 0.21：1 上升至 1.23：1。随着住房制度改革的不断深入，存量房市场结构进一步优化，上海、北京等很多城市，次新房已成为存量房市场交易的主流产品。未来二手房市场增长潜力巨大，发展空间广阔。

专题：北京二手住房市场分析[5]

北京二手住房市场启自1998年，至今已经历了13年的发展。根据不同时间段的发展特征，北京二手住房市场的发展可划为三个阶段（表3-1）。

2009年，为保证国际经济危机背景下北京市经济增长速度，北京市各部门联合发布了一系列政策，大幅减免二手房交易税费，放宽公积金贷款的首付要求，降低贷款利率，用多种市场手段强力拉动北京市住宅二级市场，以致交易量大幅上涨，交易异常繁荣（图3-53、表3-2）。

北京住房二级市场发展阶段划分　　　　　　　　表3-1

阶段划分	起止时间	主要特征
市场培育阶段	1998~2003年	市场初步建立，政策主要是要解决如何配合房改建立住宅二级市场的问题
市场规范阶段	2003~2008年底	消除住宅二级市场的交易障碍，降低住宅二级市场的交易成本，促进交易的信息化、透明化和公开化
市场拉动阶段	2008年底~2009年底	应对国际金融危机、经济危机，拉动经济发展

2001~2009年北京市二手房与商品房新房成交量汇总表　　　　　　　　表3-2

年份	二手房成交套数（套）	商品房新房成交套数（套）
2001年	5200	19552
2002年	10200	46818
2003年	33887	142664
2004年	56487	192056
2005年	70810	216679
2006年	76469	180467
2007年	93905	142736
2008年	55910	75479
2009年	276000	176640

资料来源：同图3-53

图3-53　2001~2009年北京市二手房与商品房新房成交量柱状图

资料来源：二手房部分：2000~2007年数据来源于胡景晖；2008年北京二手房交易量首次超过新房（新浪房产，2008年11月21日）；2008年数据来源：2008年二手房成交量下跌37.2%，均价下滑17.9%（搜房网，2009年1月5日）；2009年数据来源：2009年二手房成交27.6万套，年度涨幅273%（搜房网，2009年1月6日），其中因12月为预期数据，因此估算为27.6万套；商品房部分：2001~2009年资料来源：2009年二手房成交27.6万套，年度涨幅273%（搜房网，2009年1月6日）

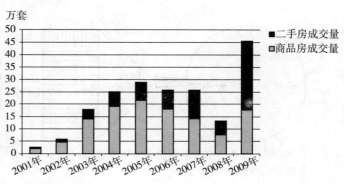

房源构成 按照房源性质分类，北京二手住房市场的房源可分为已购公有住房、已住满5年的经济适用房和商品房三类。前两类住房在1998年住房改革后通过一系列法规政策的推动才开始流入二手住房市场。三种房源类型中，已购公房构成较为复杂：分为央产房、军产房以及其他公有住房三类。北京市二手住房市场房源构成及住宅市场体系各部分关系详见图3-54。

市场总体结构 从图3-55~图3-58可以看出，2009年北京二手住房市场以商品房为交易主体，受单价较高的影响，虽然上市主要户型为中小户型，但是总价仍大多在100万元以上。

北京各区二手房各类房源市场结构 通过对各区数据横向比较（图3-59、表3-3）可知，二手房价格与其到市中心距离之间有较明显的负相关性。而在每个区内部，不同房源在价格上没有明显差异。

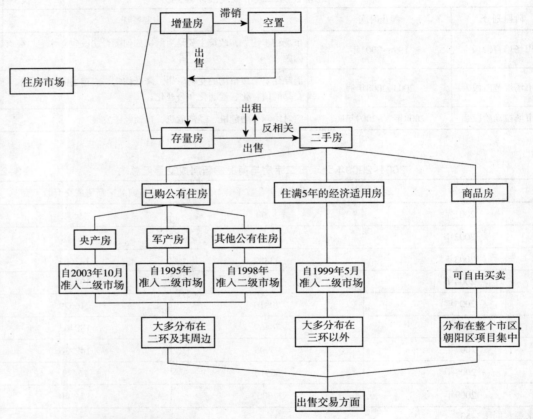

图3-54 北京市住房市场房源体系
资料来源：自绘

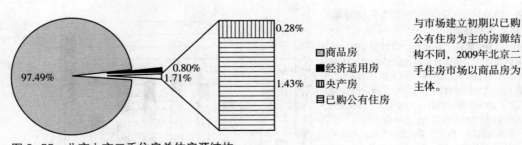

图3-55 北京上市二手住房总体房源结构
资料来源：天朗房产网

与市场建立初期以已购公有住房为主的房源结构不同，2009年北京二手住房市场以商品房为主体。

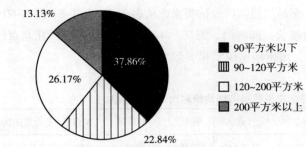

图3-56 北京二手住房总体面积结构
资料来源：天朗房产网

90平方米的小户型最多，120平方米以下的中小户型占主体。

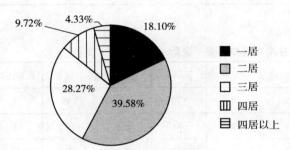

图3-57 北京二手住房总体户型结构
资料来源：天朗房产网

一居、两居是市场主力，大户型交易偏少。

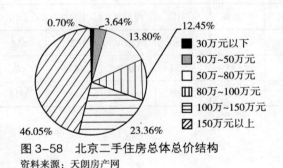

图3-58 北京二手住房总体总价结构
资料来源：天朗房产网

总价150万元以上的二手住房在各个价位的销售套型中占第一，100万元以上的占七成。

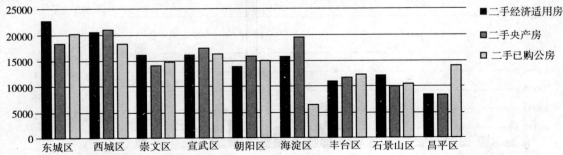

图3-59 北京各区二手住房市场价格结构
资料来源：作者调研统计

各区二手住房市场交易量结构　交易数量与区位的关系，从表3-4、表3-5、图3-60可以看出，交易数量自城市中心向外围呈现抛物线状，即朝阳、海淀、丰台等"中间圈层"在北京住房二级市场表现更加活跃，出现了与"同心圆"城市用地模型相类似的特征。

北京各区二手住房市场均价对比（元/平方米）　　　　表3-3

	东城区	西城区	崇文区	宣武区	朝阳区	海淀区	丰台区	石景山区	昌平区
二手经济适用房	22825.93	20798.97	16264.61	16264.61	13946.55	15885.71	11184	12164.22	8565.306
二手央产房	18491.17	21208.25	14210.53	17710.96	15985	19745.26	11883.65	10149.25	8427.203
二手已购公房	20440	18530	14862	16450	15148	6570	12353	10624.97	14152

资料来源：作者调研统计

北京各区二手住房市场交易量（套数）数量统计（套）　　　　表3-4

	东城区	西城区	崇文区	宣武区	朝阳区	海淀区	丰台区	石景山区	昌平区
二手经济适用房	27	9	8	7	177	85	135	5	404
二手央产房	11	50	1	9	40	164	17	1	2
二手已购公房	27	135	19	66	289	784	137	59	8

资料来源：作者调研统计

北京各区二手住房市场交易量（面积）数量统计（平方米）　　　　表3-5

	东城区	西城区	崇文区	宣武区	朝阳区	海淀区	丰台区	石景山区	昌平区
二手经济适用房	3319	925	653.38	653.38	24250	11070	15217	654	55991
二手央产房	811	4378	95	1220	17253	12086	1444	67	235
二手已购公房	5212	17264	1281	4469	22362	90455	9887	3711	426

资料来源：作者调研统计

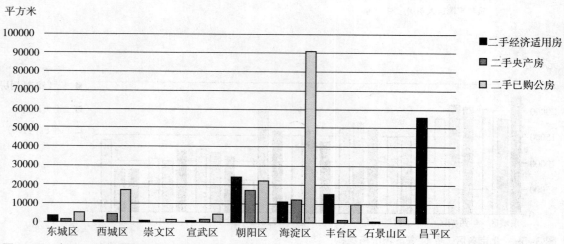

图3-60　各区二手住房市场交易量（面积）结构
资料来源：作者调研统计

二手商品房市场分析 1.商品房总存量：外城四区大于内城四区，特别是朝阳区和海淀区

由于土地供应量、旧城保护等原因，近年来商品住房的开发集中在外城四区，因此商品房库存总量上，外城四区以及昌平区的总量要远远大于内城四区。在这种情况下，即使对二手房需求比例一样，外城的二手商品房交易数量也要大于内城。

2.二手商品房与就业的分布关系：购买者的职业性质、地区分布

产业结构方面，IT、金融商贸等"白领"阶层所在行业大多集中在海淀区、朝阳区等外城几个区中。有一定工作积累的白领阶层大多具有较高的收入，而又大多来自外地，没有稳定的居住，有一定的购买需求和购买实力。由于外城几个区的二手房距离他们的工作地点（区域中心）较近，他们更倾向于购置海淀、朝阳等区的房产，对市中心距离和二手商品房交易量的正相关性有正向推动作用。

公交车站数量、停车场数量都对二手商品房的交易数量有正相关的影响，但是不显著，也就是说，对于购买者而言，人们还是会看重该小区的交通可达性与使用的便利程度。

3.二手商品房交易市场上的泡沫结果：价格和交易数量"不显著的正相关性"

依靠二手商品房解决居住需求者由于受收入的限制，对住房价格的敏感性较高，按照供求关系理论，住房价格应该与二手商品房的交易量呈现出显著的负相关性，但是我们通过统计之后可以看出来，价格不但没有表现出显著性来，而且连符号也不对。事实上，价格和住房交易量之间存在这一种"不显著的正相关性"。据此分析，产生这种结果的原因很可能是现在的二手商品房市场上存在着严重的泡沫，人们在"追涨杀跌"的心理驱使下，如果某一个小区的房价越高，需求越大，炒得就越厉害，交易频率也就越大，相应的交易数量也就很大了，而对于那些质量相对较差，区位相对偏僻的小区，价格较低，但是由于"炒房"的动机不强，所以在一个泡沫市场中，这些小区的交易数量反而会比较少。

4.配套服务与交易数量之间的弱相关性：二手商品房市场上"炒房"现象的体现

区位因素与二手商品房的交易量之间并没有存在应有的正相关性。通过分析发现，银行、商场、公交车站、停车场的符号通过了检验，说明这些配套服务在一定程度上正向影响了二手商品房的交易数量，但是不显著。而学校、邮局、医院、地铁线、饭店没能通过符号检验。总体来看，除去距市中心的距离以及银行外，其他的区位因素都没有对二手商品房的交易数量产生显著的影响作用，按照区位理论，这些区位因素本应该对二手商品房的交易数量产生明显的正相关性。因此，现状中交易数量与区位因素的弱相关性正说明了当前二手商品房市场中可能存在泡沫现象。出于投资需求的购房者在选择购买二手商品房的时候，并没有考虑小区周围的配套设施，即"使用价值"。

二手经济适用房市场分析 与二手商品房交易相比，二手经济适用房交易又体现出了几个重要的区别之处，对此进行以下分析。

1.到市中心距离——经济适用房二手房交易量与距市中心距离负相关且显著

与二手商品房不同，经济适用房交易量与距市中心距离负相关且显著，也就是说，距离市中心越近，二手经济适用房的交易量就越大，这主要与二手经济适用房的供给方有关，在经济适用房的开发中，内城由于拆迁的原因，设置了大量的经济适用房，而且拥有者大多为具有北京户口的当地人，存在不止一套房产的可能。而外围的经济适用房开发，主要集中在回龙观、天通苑片区，较为偏僻且自住、出租较多。因此这些散点状的二手经济适用房呈现出与距离的负相关性。

2.交通的影响作用——未表现出正相关性

这是与二手商品房交易的另一个差别，二手商品房的交易数量与公交线路、停车场数表现出了正相关性，但是在二手经济适用房中并没有表现出正相关性，这可能与二手经济适用房的购买者更

多地使用自驾车，而所用停车场多为小区停车场而非公共停车场有关。

3. 配套设施的影响作用——影响因素的不同

在二手经济适用房中，对交易数量表现出正向影响作用的配套设施包括中学数量、邮局数量、商场数量与饭店数量，从这点来看，二手经济适用房市场可能存在更强的自住需求。

结论 通过分析可知，北京二手住房市场在政策的推动下，经历了启动、规范、拉动三个阶段，处于第三阶段的2009年市场表现出了交易空前繁荣的特点。

从交易数据的分区、分房源比较中可以得出，北京二手住房市场交易主体是商品房，以两居120平方米以下的中小户型为主，但其总价仍大多超过100万元。与北京市2009年城镇居民26738元的人均可支配收入水平[6]相比，居民购房负担非常沉重。

通过对二手住房市场交易活跃程度与区位特征的相关性分析，可以发现：占北京二手住房市场交易主体的二手商品房市场的交易活跃程度和住区配套设施的相关性不大，却和价格表现出了不显著的正相关性，从一个侧面验证了2009年北京二手住房市场繁荣背后的非理性因素。二手经济适用房市场与二手商品房市场差异明显，集中体现在距市中心距离的呈负相关而非正相关、配套设施与交易量有更明显的相关性。

3.2.3 租赁住房市场

2009年全国各主要城市土地及房地产市场出现明显回升，租赁市场总体上也保持回升趋势，成交量和租金水平回升，但租金回报率较低。

1. 成交量回升

以北京市为例，2009年北京住宅租赁市场并未明显受到后奥运预期和宏观经济不景气的过多影响，整体成交状况依旧保持活跃，但市场的租金价格却呈现出了明显的回落。2009年的北京住宅租赁市场整体交易量同比去年增长了11.39%，全市租金均价为2416元/（月·套），同比去年同期的2521元/（月·套）下降了4.17%。北京住宅租赁市场交易量的持续快速增长，主要与常住人口增多带来的人口红利以及北京整体经济的不断发展所带动的就业机会增多有关。另一方面，由于今年以来北京的房地产市场迅速升温，去年因观望房价走势而选择租房过渡的客户在年初房价低点时不断转向购房市场，削减了市场中部分客户的有效承租需求。同时，轨道交通开通后，各条线路间的串联作用十分明显。部分原来需要在城市核心区承租的客户被转移至相对而言租金较低的区域，再加上2009年租赁市场房源的供应增量明显，部分传统热点租赁区域内的供需关系得到缓和。从而使得2009年整个住宅租赁市场的平均租金水平出现了一定的回落。

2. 租金水平呈上涨趋势

2009年全国各主要城市土地及房地产市场出现明显回升，特别是深圳、宁波、上海等一、二线城市的地价和房价都出现较大反弹。住宅租赁供应房源相对不足，住房租赁价格同比有所回升（图3-61），但不及一、二手住房价格涨势。

一线城市中，北京2009年房租水平比2006年上涨约32%，而同期二手房均价上涨106%；深圳租金水平上涨17%，同期二手房均价上涨65%；上海租金水平上涨9%，而同期二手房均价上涨65%；广州租金水平仅微涨0.5%，而同期二手房均价上涨80%（图3-62）。

3. 租金回报率较低

租价比是住房租赁价格与住房销售价格的比值，是不动产投资收益最为敏感的判断指标，也是衡量不动产市场健康程度的重要参考。近5年来，由于供需失衡引致销售价格相对租金水平过快上涨，

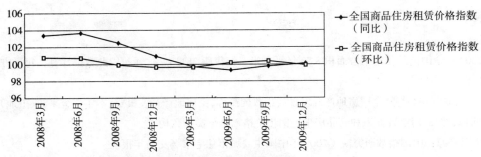

图 3-61　2008~2009 年全国商品住房租赁价格指数变化情况
资料来源：中国房地产信息网www.realestate.cei.gov.cn

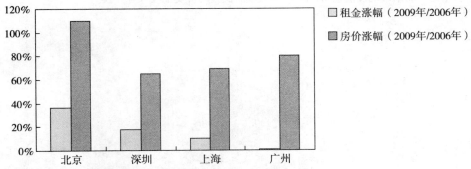

图 3-62　2009 年四城市商品住房租金、房价涨幅情况
资料来源：中国指数研究院数据信息中心、中国房地产指数系统

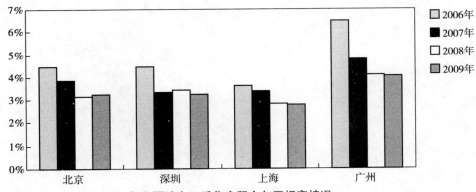

图 3-63　2006~2009 年主要城市二手住房租金年回报率情况
资料来源：中国指数研究院数据信息中心、中国房地产指数系统

住宅租价比总体呈下降趋势。中国土地勘测规划院、城市地价动态监测分析组日前发布的最新报告显示，2009 年北京、上海、深圳、天津、杭州、青岛 6 个样本城市的住宅租价比分别为 3.81%、3.62%、3.75%、3.84%、3.97%、3.37%，均远低于目前 4.16% 的 5 年以上个人住房贷款利率，住宅租价比普遍呈逐步下降趋势。租售价格变化未能保持相应速度，表明住宅长期投资者的租金回报收益非常不理想，也在一定程度上反映了租售市场存在失衡，不利于房地产市场持续健康发展。

2006~2009 年主要城市二手房租金回报率逐年下滑，部分城市 2009 年二手房租金年回报率有所反弹，但幅度不大。2006 年，北京、深圳二手房租金年回报率在 4.5% 左右，到 2009 年降至 3.2%；2006 年上海二手房租金年回报率在 3.6% 左右，到 2009 年降至 2.8%；广州从 2006 年的 5% 下降至 2009 年的 4%（图 3-63）。

注释：

1　2009年全国商品住宅销售面积8.53亿平方米，销售额38157.2亿元，以此数据计算，每平方米住宅单价为4473元。

2　"国房景气指数"是全国房地产开发景气指数的简称，由房地产开发投资、本年资金来源、土地开发面积、房屋施工面积、商品房空置面积和商品房平均销售价格六个分类指数构成。

3　资料来源：中国指数研究院《2009年中国主要城市住宅市场交易年报》。

4　二手房周转率是指二手房交易的频率，周转率＝一定时间内二手房交易量/二手房总量×100%。

5　此部分由清华大学建筑学院陆祥宇、王昆、王禹共同完成。

6　资料来源：北京市统计信息网，2009年城镇居民人均可支配收入统计表。

第四章 住宅与城市发展

2009年，我国克服世界经济危机的影响，在政府一揽子刺激计划、积极的财政政策和适度宽松的货币政策等宏观经济政策作用下，成为率先实现经济增长回升的主要经济体，住房建设也从2008年的调整与回落走向复苏。本章将从重大事件对城市住宅发展的影响、高速铁路建设与住宅发展的关系、国家重点发展区域的住宅发展三方面对住宅与城市发展的关系进行专题研究，主要反映2009年前后相关城市住宅发展的新动态。

4.1 重大事件对城市住宅发展的影响

北京奥运会的成功举行不仅提升了中国的国际形象，也使北京的基础设施建设进一步加强，并因此带动了住宅建设的加速。同理，济南成功举行全运会和上海筹办世博会也对济南和上海这两个城市住宅建设的发展有较大的推动作用。重大节事的运作以及成为城市发展的一个重要战略和手段，在很大程度上提升了举办城市的知名度，相关城市也借此机会完善城市基础设施。节事场馆周边的住宅产品也因此而获得了价格上的持续上涨，并且带动了所在区域的城市建设与发展。

4.1.1 2008年奥运会与北京住宅发展

奥运会是新世纪中国社会经济发展中的一个里程碑事件，北京作为奥运会的承办城市，成功举办了一次历史上最好的体育盛会，其城市建设有了较大发展，住宅产业也面临着前所未有的机遇和挑战。近10年来，北京市的房价持续上涨，尤其是在申奥成功后，"奥运板块"等新地段成为住宅价格上升的热点区域。场馆建设完成后，周边区域的住宅价格已经成为城市内部空间中住房均价最高的地区之一。

1. 北京商品房价格演化过程

2001年7月13日北京申奥成功，北京市住宅价格的增速加快，住宅建设进入快速增长期。在申奥成功之前，20世纪90年代，1991~1997年是持续上涨阶段，房价从1580元/平方米增长到5371元/平方米，年均增长22.6%。1998~2003年是波动调整阶段，房价在5000元/平方米这个价位上下波动，2003年达到这6年的最低值。2004年以后是快速增长阶段，平均房价由2004年的5053元/平方米迅速攀升至2008年的13222元/平方米，年均增长率高达27.2%。根据《北京市统计年鉴2009》，2001~2003年的连续三年，全市住宅销售价格指数均为100以上；此后便进入了一个新的快速增长期，从2004年到2008年，年均价格指数为109.1。

对比相应时段的平均工资可以发现，北京市职工平均工资的增长近20年来经历了平稳增长的过程，年均增长率为17.5%，工资的增长相对房价来说缓和平稳得多。平均房价与平均工资的比值也经历了从下降到上升的过程，自从1998年底开始实施住房分配货币化以来，房价工资比持续下降，2004年到达最低点，为2.1∶1，随后迅速上升，在2008年达到3.5∶1，职工的工资水平与房价之

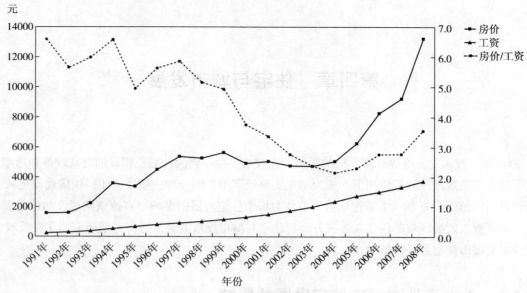

图4-1 北京市平均房价与平均工资走势（1991~2008年）
资料来源：（张琦等，2008年）、北京劳动保障网、北京市统计局等

间的差距有进一步加大的趋势（图4-1）。

2. 奥运场馆周边区域住宅价格变化

2001年北京申奥成功之前，亚运村地区的平均房价在5000元/平方米左右，申奥成功后的2002年，该区域的平均房价快速上涨，攀升至7000元/平方米左右。奥运村地区作为场馆最集中的区域，其周边地区住宅开发迅速崛起，形成城市北部最具发展优势和增值潜力的住区。奥运村住区以原有的亚运村为基础发展而来，包括亚北地区和亚奥板块。据中大恒基不动产营销市场研究中心数据显示，2007年奥运村周边区域在售的15个项目，均价已超过18000元。

随着基础设施的不断完善，奥运村周边地区的居住功能将进一步趋于高端化，在奥运会举办之前，由于奥运概念的影响，该区域的房价表现为持续上升。2009年以来，虽然奥运概念对价格的影响会逐步减弱，但由于北京整体房价的抬升，所以该区域的房价不但没有回调迹象，反而经历了新一轮的上涨。

3. 奥运会对北京住宅发展的影响

奥运会的成功举办一般都给承办城市带来了不同程度的经济收益，但后奥运的住宅市场却呈现出不同的发展特征。韩国的汉城（现首尔）和美国的亚特兰大在奥运会后，其城市住宅价格经历了持续上涨的过程。尤其是首尔，自1988年后住宅价格的迅速攀升一直持续到1995年。西班牙的巴塞罗那虽然房价在1986~1993年间上涨了250%~300%，但1993年以后大幅下跌，最大年度房价跌幅达到50%，直到1999年才逐渐出现好转。

而澳大利亚的悉尼和希腊的雅典，奥运会后房价则经历了先跌后涨的过程。1993年，悉尼申办2000年奥运会成功以后，其房价每年以10%以上的速度递增，在其后七到八年的时间里，房价翻了一番。但自2004年后，悉尼的房价开始出现下跌趋势。

就北京而言，奥运会前的四年，住房价格飞速增长。平均房价从2004年的5053元/平方米迅速提升至2008年的13222元/平方米。奥运会结束后的一年之内，房价增速趋缓，在原有基础上有所回落，但这次回落主要由全球经济衰退的大背景引起。从2009年下半年开始房价又持续飙升，

奥运会对举办城市经济发展及房价的影响（1988~2008年） 表4-1

年份	城市	经济收益（亿美元）	经济发展	影响评价	房价变化[1]
1988年	汉城（现首尔）	26.4[2]	直到1997年城市经济保持高速增长	城市国际形象转变为开放城市，韩国经济顺势高速发展	持续上涨
1992年	巴塞罗那	94.48[3]	经济大幅下滑，1995年后才逐渐好转	大规模设施建设改变城市面貌，旅游业得到长足发展	先涨后跌
1996年	亚特兰大	51	经济增速平稳，没有大幅度波动	经济持续稳定增长，居民消费大幅增加	持续上涨
2000年	悉尼	63	赛后经济下滑，两年后开始大幅回升	促进了澳大利亚旅游业和服务业的长期发展	先跌后涨
2004年	雅典	29	赛后经济发展有所放缓，但没有出现负增长	奥运遗产丰富，繁荣的旅游业吸引私人投资	先跌后涨
2008年	北京	20	受全球性金融危机影响，发展速度有所减缓	促进了基础设施的建设，旅游业和服务业进一步增长	先跌后涨

资料来源：张琦等，裴越芳.2008年奥运后北京房地产价格变动走势预测[J].北京社会科学，2008（4）：4-9.

这主要与国家出台的一系列刺激住宅市场的政策相关。总之，奥运会的举办对承办城市房价的长期影响呈现出推动上涨的特征，但会后一年左右的时间可能出现短暂的调整（表4-1）。

4.1.2 2010年世博会与上海住区发展

上海申办2010年世界博览会成功后，这一上海城市发展史上的重大事件给城市发展带来了无限商机。房地产业是国民经济的晴雨表，世博会申办成功也给上海住宅产业发展带来了巨大的机遇和挑战。这是世博会第一次在发展中国家进行，是我国继奥运会后又一次举行国际性的盛会。这对减轻全球经济危机的影响，拉动我国经济增长有较强的正向作用。

1. 成功申办世博会后上海的房价变化

自1995年以来，上海市住宅价格经历了持续增长的过程。1995~2001年是平稳增长阶段，房价从2477元/平方米增长到4007元/平方米，年均增长7.1%。2002年申办世博会成功后，平均房价的增速明显加大，住宅单价两年间（2002~2004年）净增长2378元/平方米，年均增长率高达26.2%。2004年后，又以较为稳定的速度增长了两年（2004~2006年），年均增长率为5%。2006~2007年这一年间，平均房价再次迅速增长，单价一年内增加了1214元。进入2008年后，由于受全球性金融危机的影响，房价出现回落，单价下降了71元。

再对比相应时段的平均工资，上海市职工平均工资的增长呈现出平稳增长的特征，年均增长率为11.8%。平均房价与平均工资的比值在波动中相对下降，2002年到达最低点，为2.5∶1，随后迅速上升，在2004年达到3.1∶1。自2004年后，这一比值又呈现出下降的特征，在2008年下降到2.5∶1，相当于2002年的水平（图4-2）。

2. 世博主要场馆周边住宅价格变化

由于世博会的选址位于上海市中心黄浦江两岸，上海将进行重大的城市改造。改造的区域主要位于静安区、黄浦区，随着拆迁改造的完成，该区域的地价和住宅价格将得到迅速的提高。据上海中原地产统计，2009年中心城区均价为36350元/平方米，次中心城区均价为17042元/平方米，

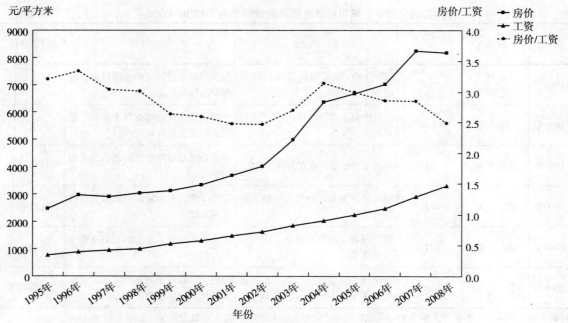

图 4-2 上海市平均房价与平均工资走势（1995~2008 年）
资料来源：上海市统计年鉴

郊区青浦房价突破万元每平方米，其中卢湾区保持全市房价最高的地位，区域房价在 6 万元 / 平方米以上。位于世博园五号口旁边的雪野二村，很多人家开窗就能看见中国馆，而其中 4 栋 16 层的高楼更是被称作世博会的"最佳观景台"，这个小区也因此被称为"世博第一村"。优越的地理位置让雪野二村的房价迅速上涨，房租从原来的一千多元涨到四五千元[4]。

3. 世博会对上海住宅发展的影响

世博会将促进上海房地产业的进一步发展，除了展览馆、写字楼等公共建筑的建设外，住宅的建设和发展也将得到提升。在世博园区、世博村及其周边地区，大量的住宅将得以新建或重建。据调查，因世博场馆等建设造成的居民动迁而带动的住房需求应在 430 万平方米以上[5]，这个新增的住房面积，相当于 2008 年上海市全年商品房销售面积的 19%，将直接带动 294.2 亿元以上的住宅需求。同时，世博会的举办将继续增强上海城市对人口的集聚能力，人口的机械增长持续增加将刺激住宅的新需求。由此可见，世博会的举行不仅在一定程度上刺激了上海房价的上涨，同时也进一步提升了居民对住房的刚性需求。

4.1.3 2009 年全运会与济南住区发展

2009 年，济南成功举办了第 11 届全国运动会。赛会的举行推动了济南市基础设施建设的迅速发展，其数量和质量都有了飞跃。尤其是济南市东部地区，由于奥体中心及其配套设施的建设取得了长足的进步，周边区域的住宅价格也因此有了较快上涨，并且带动了所在区域住区的建设水平。

1. 济南城市住宅价格演化过程

进入 21 世纪以来，济南市住宅价格呈现出平稳增长的特点。由图 4-3 可知，2001~2004 年是相对快速的增长阶段，房价从 1858 元 / 平方米增长到 2888 元 / 平方米，年均增长 15.8%。2002 年

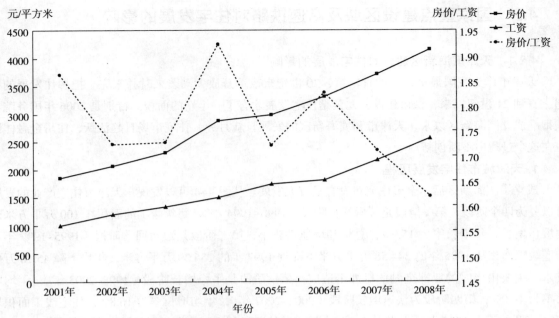

图 4-3 济南市平均房价与平均工资走势（2001~2008 年）

申办第 11 届全运会成功后，平均房价的增速持续增长，住宅平均单价 4 年内净增长 1267 元 / 平方米，年均增长 317 元 / 平方米。

对比相应时段的平均工资，济南市职工平均工资的增长特征和住宅价格的增长特征类似，也是持续平稳地增大。8 年间，职工平均月工资的年均增长率为 12.5%，而这段时间内的房价年均增长率为 10.6%，工资的增长略快于房价的增长。平均房价与平均工资的比值在波动中相对下降，2008 年到达最低点，为 1.62：1（图 4-3）。

2. 全运会场馆区周边住宅价格变化

济南全运村项目由杭州和山东本地企业合作开发，2007 年 11 月动工，随后向社会出售。业主在买房时签下了协议，住宅建成后先供全运会使用，赛会结束后再移交给业主。虽然全运村位于济南东部郊区，离市中心约 20 公里，周边区域尚未开发，但这里的房价是市中心的两倍。2009 年，济南市中心平均房价每平方米为四五千元，而全运村小高层起价就是八千多元，贵的上万元[6]。由于全运村及主要场馆位于济南市东部区域，因此，这片区域的住宅价格变化最为明显。价格变化最大的三片区域分别是经十东路、高新区和文博片区边缘的工业南板块[7]。从 2008 年 9 月到 2009 年 9 月的一年之内，全运会场馆周边新出售住宅的平均价格均上涨了 1000 元左右。

3. 全运会对济南住区发展的影响

通过上文的分析可以发现，全运会对济南，尤其是东部区域的城市建设和住区发展具有强烈的促进作用。据统计，2009 年全运会之前的 3、4 月份，济南市区新房均价 6200 元 / 平方米左右，全运会之后的半年多时间内，市区新房均价连续上涨达到 8900 元 / 平方米以上，二手房价格也上涨到了近 8000 元 / 平方米[8]。比赛场馆、全运村和配套设施的建设使周边区域的基础设施迅速完善。目前已形成以奥体中心为极核，辐射周边的道路交通网络。政务中心和一些大型企业的总部也开始向东部迁移，全运会的举行为济南打造了一个优良的城市名片，济南的住宅产业也必将以此为契机，提高品质，全面进步。

4.2 国家重点建设区域及高速铁路对住宅发展的影响

4.2.1 天津滨海新区建设对住宅发展的影响

天津市作为我国最早设立的直辖市，20世纪末改革开放大潮袭来时并未完全把握住发展的机遇。直到21世纪以来，城市建设，尤其是住宅发展才有了一个新的面貌。特别是2006年国务院正式批准成立滨海新区以来，天津市和滨海新区的发展日新月异，住宅市场日趋活跃，住房金融体制也在这个过程中不断创新。

1. 天津城市住宅发展历程

成立了滨海新区后，全市住宅建设有了较大发展。从图4-4可以发现，天津市住宅产业的发展可以分为四个阶段，第一阶段是缓慢增长阶段（1990~1994年），每年竣工的面积在100万平方米以内缓慢增长，年增长率为15.9%，总量和增速都较小；第二阶段是短暂回落阶段（1995~1997年），住宅竣工面积从1995年的344.58万平方米下降到1997年的255.39万平方米，年均下降45.10万平方米，主要由当时的亚洲金融危机冲击造成；第三阶段是平稳增长阶段（1998~2003年），年均增长率为16.0%；第四阶段为快速增长阶段（2004~2007年），年均增长率为16.8%，住宅竣工面积从2004年开始迈入1000万平方米大关，这一阶段的快速增长也与滨海新区的设立密切相关。

从每年房地产与住宅的竣工面积的关系可以发现，住宅占房地产总量的比重均在80%以上，比重最低的年份是2007年，为82.1%；比重最高的年份是1999年，为94.8%；1990~2007年平均为87.7%。住宅的竣工面积占房地产竣工总面积的比重高说明了办公楼、写字楼等其他类型的建筑竣工比例相对较小。2004年以后，这种情况发生了变化，住宅竣工面积的比重逐年下降，这与天津经济的发展密切相关。特别是2006年国务院批准成立滨海新区后，天津市的第二和第三产业有了迅速的发展，办公楼和写字楼建设的规模和速度都相应提高，因此，住宅竣工的比重呈逐年下降的趋势（图4-4）。

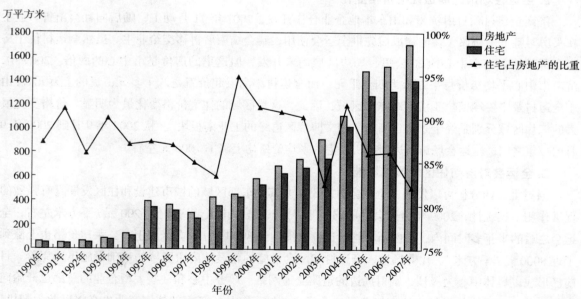

图4-4 天津房地产与住宅竣工面积变化（1990~2007年）
资料来源：固定资产投资与房地产开发统计库，国家信息中心

2. 滨海新区住宅建设概况

2006年5月26日，国务院颁布了《推进滨海新区开发开放有关问题的意见》，滨海新区宣布成立。2008年8月，国务院下发《关于天津滨海新区综合配套改革试验总体方案的批复》，从深化体制改革、推进金融改革创新、改革土地管理制度、推进城乡规划管理体制改革等十方面大力支持滨海新区发展。2009年9月，撤销塘沽区、汉沽区、大港区三区，正式成立滨海新区行政机构。

滨海新区自成立以来，其住宅价格呈现出持续上涨的态势。2006年3月，滨海新区商品住宅成交价为4762元/平方米，同比上涨30.39%，比2月环比上涨了0.25%。商品住宅成交价在2005年8月之前基本在3500~4000元/平方米之间波动，进入2005年9月份后，价格迅速上涨，2005年9月至2006年3月单月平均涨幅为3.36%。2005年全年商品住宅成交均价同比上涨23%（翟志国，2008年）。

滨海新区住宅价格的快速上涨表明了国家设立开发新区后，区域土地和住宅价格被投资者看好，成为城市发展的新热点。但是，从另一个角度看，应该理性分析房价上涨的原因。从天津的收入水平看，滨海新区房价的上涨快于天津市平均工资的上涨水平。如果房价的上升仅仅带来投资者的增加，这样的发展或许难以持续。

3. 政策创新——住房信贷银行

2006年9月9日，在天津滨海新区开发开放与金融改革创新高峰会议上，时任天津市市长的戴相龙提出利用天津现有金融机构和部分金融机构转轨之际，论证和组建主要为低收入者提供贷款购买90平方米以下住房的住房信贷银行。所谓住房信贷银行，是一种以契约型的互助储蓄住房金融体系为依托，以低息贷款为卖点的专业住房金融机构（武岳，2007年）。在整个社会结构体系中，中低收入阶层的月还款能力相对较低，住房信贷的还款年限相对普通住房贷款设定的年限长。同时，在贷款的组成部分中，通常以公积金贷款为优先选择，其次配以商业贷款。

滨海新区作为我国新世纪国家发展战略中的一大热点和重点，在住宅产业的发展和住房金融的创新方面应该对其他区域有所借鉴。在当前我国住房保障制度改革的大背景下，住房信贷银行的出现无疑为广大中低收入阶层住房困难的解决提供了一个较好的参照。天津市，尤其是滨海新区应该以此为契机，继续完善和推进住房信贷银行的建设规范，切实改善中低收入阶层的住房问题，使滨海新区成为真正意义上的宜居之城。

4.2.2 海峡西岸经济区的建设对住宅发展的影响

海峡西岸经济区，是指台湾海峡西岸，以福建为主体包括周边地区的区域，是具有对台工作、统一祖国，并进一步带动全国经济走向世界的特点和独特优势的地域经济综合体。包括福建省的福州、厦门、漳州、泉州、龙岩、莆田、三明、南平、宁德，浙江省的温州、丽水、衢州，江西省的上饶、鹰潭、抚州、赣州，广东省的梅州、潮州、汕头、揭阳等20个市。

1. 海峡西岸经济区发展历程

2004年8月，福建省委七届七次全会批准实施《海峡西岸经济区建设纲要（试行）》，海峡西岸经济区这一概念第一次公开、完整地被提出。2005年1月，福建省十届人大三次会议颁布了《促进海峡西岸经济区建设的决定》，对加快推进海峡西岸经济区建设作出了全面部署。

2009年5月6日，国务院总理温家宝主持召开国务院常务会议，讨论并原则通过了《关于支持福建省加快建设海峡西岸经济区的若干意见》。提出将海峡西岸经济区建设成为两岸人民交流合作先行先试区域，服务周边地区发展新的对外开放综合通道，东部沿海地区先进制造业的重要基地和我国重要的自然和文化旅游中心。到2020年，实现全面建设小康社会的目标，促进形成两岸共同发展的新格局。

2. 海峡西岸经济区的住宅发展

从2008年的住房销售面积看，厦门、福州、汕头排在前三位。在海峡西岸经济区的20个城市中，也只有这三个城市住宅的年销售面积在100万平方米以上，这也是和相应城市的经济发展水平和人口集聚程度吻合的。在其余的17个城市中，又可以分为两个档次，抚州、漳州、泉州等8个城市住宅年销售面积在50万平方米以上，而剩余的龙岩、揭阳、宁德等9个城市住宅年销售面积在50万平方米以下，处于较低水平。人均住房使用面积的差异则没有前一指标那么大，最高的泉州大约是最低的三明的两倍左右（图4-5）。

接下来再分析住宅的平均价格，温州一枝独秀，2008年的平均价格为9958元/平方米，处于第二位的是丽水，住宅均价为6233元/平方米，大约只相当于温州的2/3。福州排第三位，住宅均价为5855元/平方米。其余17个城市的住宅均价都在5000元/平方米以下。总体而言，海峡西岸经济区的住宅平均价格相对较低，也反映出区域的经济发展水平也相对较低。居住支出占消费支出比重的差距则相对不大，最高的莆田为13.45%，最低的三明为6.61%，前者大约为后者的两倍（图4-6）。

3. 相关优惠政策汇总

厦门：2009年5月23日，《厦门市社会保障性住房管理条例》经福建省第十一届人大常委会第九次会议审查通过，于6月1日起施行，这是我国首部保障性住房地方法规。对社会保障性住房的规划与建设、申请与分配、售价与租金、退出、使用管理、法律责任等进行了规范，并首次以地方法规的形式，明确了社会保障性住房坚持小户型原则，明确住房保障范围为住房困难家庭。

赣州：在江西省率先启动了廉租住房建设，通过推行实物配租、租赁补贴和租金减免相结合的保障方式，较好地解决了赣州市中心城区低收入家庭住房困难问题，形成了廉租房建设的"赣州模式"。建设资金主要来源于土地出让收益、公积金增值收益盈余等，资金不足部分由财政负担，全额给予保障。截至2009年6月，全市已建在建廉租住房73.37万平方米，建成并摇号分配29.97万

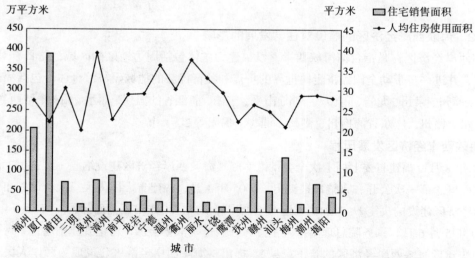

图4-5 海峡西岸经济区20城市住宅销售面积与人均住房使用面积（2008年）
资料来源：固定资产投资与房地产开发统计库、国家信息中心

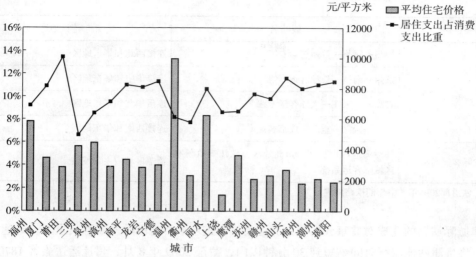

图 4-6 海峡西岸经济区 20 城市住宅价格（2008 年）
资料来源：固定资产投资与房地产开发统计库、国家信息中心

平方米、4678 套。[9]

在国家一系列特殊优惠政策的推动下，海峡西岸经济区在近五年经济发展突飞猛进。在整个区域的经济发展过程中，作为领头羊的厦门等一批已有一定经济基础的城市，在自身经济发展的同时，利用经济辐射效应带动着区域经济发展的整体提升。伴随着经济的发展，区域中经济建设较成熟的城市，如厦门、赣州等已率先启动保障性住房的建设与分配。而在区域内一些经济欠发达城市中，住房体系正处于启动阶段。

4.2.3 高速铁路及高铁站对城市住宅发展的影响

1. 高速铁路与区域住宅发展

高速铁路是指通过改造原有线路（直线化、轨距标准化），使营运速率达到每小时 200 公里以上，或者专门修建新的"高速新线"，使营运速率达到每小时 250 公里以上的铁路系统。2004 年 1 月，国务院常务会议讨论通过了《中长期铁路网规划》，这是我国截至 2020 年铁路建设的蓝图。为满足快速增长的旅客运输需求，建立省会城市及大中城市间的快速客运通道，规划"四纵四横"铁路快速客运通道以及三个城际快速客运系统。建设客运专线 1.2 万公里以上，客车速度目标值达到每小时 200 公里及以上。同时，扩大西部路网规模，形成西部铁路网骨架，完善中东部铁路网结构，提高对地区经济发展的适应能力。规划建设新线约 1.6 万公里（表 4-2）。

国家高速铁路客运专线一览　　　　　　　　　　　　　　　　　　　　　表 4-2

所在区域	线路名	连接地区
"四纵"客运专线	北京—上海客运专线	贯通京津至长江三角洲东部沿海经济发达地区
	北京—武汉—广州—深圳客运专线	连接华北和华南地区
	北京—沈阳—哈尔滨(大连)客运专线	连接东北和关内地区
	杭州—宁波—福州—深圳客运专线	连接长江、珠江三角洲和东南沿海地区

续表

所在区域	线路名	连接地区
"四横"客运专线	徐州—郑州—兰州客运专线	连接西北和华东地区
	杭州—南昌—长沙客运专线	连接华中和华东地区
	青岛—石家庄—太原客运专线	连接华北和华东地区
	南京—武汉—重庆—成都客运专线	连接西南和华东地区
三个城际客运系统	环渤海地区、长江三角洲地区、珠江三角洲地区城际客运系统	覆盖区域内主要城镇

资料来源：铁道部2004年《中长期铁路网规划》

京津城际铁路的建成对北京成功举办奥运会，促进环渤海地区的发展意义重大。时速350公里的动车组将京津两地旅行时间缩短到30分钟以内，截至2009年8月，累计运送旅客1870万人次，极大地拉近了京津两地的时间和心理距离，创造了巨大的经济效益。高速铁路通车以来，天津市接待游客数量和游客消费都有大幅度增长，分别比2008年增长了13.3%和14.2%，增幅为近10年来的最高水平，城际铁路对天津旅游增长的贡献率达到35%[10]。

武广客运专线的通车，将武汉到广州的铁路运输时间从10小时缩短为3小时，极大地拉近了城市间的距离。与京津城际铁路不同的是，武广客运专线不仅联系了武汉和广州两个城市，还将高速铁路沿线的咸宁、赤壁、岳阳、长沙、株洲、衡阳、郴州、韶关、花都等城市联系起来，更具有综合交通走廊的优势。珠三角与长三角相比，腹地的面积有限，因此长三角在日益激烈的区域竞争中有后来居上的趋势。武广客运专线的通车对珠三角的腹地劣势是很好的弥补，它加强了珠三角同湖南和湖北的经济联系，拓展了珠三角的吸引范围。同时，高速铁路的通车对湖南和湖北两省打通出海通道也非常有利，缩短了两省与香港、澳门的距离。

石太铁路客运专线于2005年6月11日开工，是我国开工最早的高速铁路，2009年4月1日正式通车。专线的开通运营，将促进山西与环渤海区域客货流的快速流动，对推动山西经济发展、改善投资环境具有重要意义。乘坐专线动车组，1小时可以到达石家庄，3小时到达北京，对区域经济发展有较强的推动作用。太原、石家庄、北京的联系更加紧密，区域综合竞争力进一步提高。山西作为北方历史文化旅游的重要目的地，交通条件的改善必将促进旅游业的大发展。

高速铁路开通后，便捷的运输方式使得人们在两个城市之间的通勤成为可能。例如，2008年天津的房地产成交额，三成是由外地人购买的，而北京人又占其中的一半[11]。天津的房价也因此进一步上涨，滨海新区成为新的住宅投资热点区域。由于天津的经济发展水平相对落后于北京，北京的房价又极大地高于天津，因此，高速铁路建成带来的交通便利有可能促使大规模在北京工作的人到天津购买住宅。

2. 高铁站与周边区域住宅发展

高速铁路车站的建设与传统火车站的建设有较大差异，它一般与周边区域联系在一起进行高密度的综合开发。车站也不仅仅是传统意义上的客流集散地，同时还具有商业、商务、娱乐、休闲和居住等多种功能。下面研究了国内五个新建或改造后的火车站及其站前经济区，总结了其优势和劣势，在此基础上得到车站周边区域的发展特征：以商业开发为主，公共交通导向明显，配套了少量高档公寓和写字楼（表4-3）。

国内主要火车站周边区域优劣势分析 表4-3

站前经济区	优势	劣势
北京西站	亚洲第一大站，目前我国规模最大的人口集散地和交通枢纽	恶劣的经营环境和服务水平 缺乏统一协调的管理
上海南站	充分考虑传统铁路客运模式与现代高速客运模式的结合整体规划、分步实施	规划中，劣势尚未显现
郑州火车站	选择了服装批发作为主要业态，易搬运、交易量大，适合火车运输，成本降低 银基商贸城良好的品牌形象和全国第三的规模吸引周边省份客户	同种业态的过度发展，可能会导致恶性竞争
长沙火车站	管理部门与商家签订"诚信经营责任状"，规范管理，打造诚信品牌积极引大、引强、引品牌，提升经营档次	缺乏前期合理规划 主干道车流量较大，严重制约商业密集区的发展中 高档消费缺失
厦门富山火车站	重新规划，建设汽车站、地下商业步行街、公寓 修建了大量的停车位 世贸商城改变了以往商圈经营结构单一、经营档次偏低的状况	租金高，减弱其竞争力 娱乐休闲配套设施缺乏 空间布局不尽合理 人车矛盾突出，缺少步行走廊

资料来源：顾庆冲，李玉琼.火车站商圈开发思路实证研究[J].管理观察，2009（03）.

国外知名高铁站周边区域开发强度分析 表4-4

		里尔站	九龙站	乌特勒支站
基地面积		70公顷	13.5公顷	
其中	总建筑面积	273710平方米	1090000平方米	616700平方米
	出租办公	45720平方米	231578平方米	360000平方米
	住宅	17600平方米	606425平方米	221400平方米
	酒店	18600平方米	93548平方米	9600平方米
	商业娱乐	46600平方米	89500平方米	42700平方米
	会展	38000平方米		
停车位		6100个	6590个	11600个（含自行车位21000个）

资料来源：王腾，卢济威.火车站综合体与城市催化——以上海南站为例[J].城市规划学刊，2006（04）.

从全球范围看，对火车站的开发体现为从单一的交通综合体向多功能的都市综合体转变的明显趋势，如法国的里尔站、香港的九龙站、荷兰的乌特勒支站等。由表4-4可知，国外知名高铁站周边区域都进行了高强度开发，其中的业态组成以商业娱乐、酒店办公为主，住宅也是其中很重要的组成部分。这些住宅的形态都以高层公寓为主，住房价格或租金都比较高，主要面向中高收入的人士。

随着我国高速铁路的发展，当前高铁车站的选址已不再像传统的车站那样建设在城市中心区，而往往在城市的边缘区或新开发区域进行规划布局。新的高铁车站一般都是实现多种交通方式换乘，多种业态并存的综合大型建筑，其周边区域一般作为站前经济区进行综合开发利用，如新建的北京南站、上海南站、石家庄高铁站以及济南高铁西客站等。尤其是济南高铁西客站，长达30公里的站前经济区激活了整个济南西城的经济建设。

这些以高铁车站为中心的站前经济区一般都进行了地上与地下空间同时推进的高密度开发。在区域范围内也规划设计了一部分住宅，这些住宅一般以高层公寓为主，还有不少是以酒店式公寓的业态存在。这些住宅的服务对象主要是中高收入人群，居住在站前经济区可以满足他们频繁出行和商务的需要。伴随着高铁的建设，在城市空间范围内以高铁站为中心的站前经济区将成为未来我国城市发展的一个新兴热点区域。

注释：

1 这里的房价变化指奥运会结束后三年之内。
2 "我策划了汉城奥运会"（http://finance.jrj.com.cn/olympic/2008/08/1412031637108-1.shtml）。
3 巴塞罗那奥运会的资金来源及经济影响（http://nausang.blog.163.com/blog/static/91745329200910228337621/）。
4 资料来源："世博第一村借区位优势房价大涨，租金翻几倍"（财经信息网）。
5 肖道刚，裘越芳.世博经济对上海房地产业发展的影响分析[J].城市，2008（1）：65-67.
6 资料来源："全运村沿用北京奥运家具，地处偏僻房价已炒到一万四"（《重庆晚报》，2009年10月16日）。
7 资料来源："全运会引发济南东部房价大涨"（善哉楼市，焦点博客）。
8 资料来源："济南万元房是怎么涨起来的"，（大众日报，2010年5月21日）。
9 赣州电视台，2009年10月7日。
10 资料来源：天津市商业委员会。
11 "交通便利，北京人来津买房推高天津房价"（天津滨海新闻网）。

第五章 住房政策

我国住房市场在经历了2008年的低落后，在2009年迎来了一个新的上涨期。国家刺激经济复苏措施的出台导致了2009年上半年房价的飞涨，接下来，中央从2008年年底开始实施的拯救住房市场的政策逐步演化为对住房市场的严格调控。这一年中，保障性住房的发展被提到了一个前所未有的高度，住房公积金被进一步盘活，廉租房建设计划细化到每一个城市，主要城市均推出了公共租赁住房。同时，中央对小产权房的无序扩张更加重视，明令禁止新建小产权房，并加紧了处理既有小产权房政策的制定。为了严格调控住房市场，史上最严厉的二套房贷政策颁布，显示了中央抑制房价上涨的决心。

5.1 2009年住房政策盘点

5.1.1 2009年住房政策汇总

伴随着2008年下半年开始的住房市场萎缩，刺激住房市场发展的政策在2008年年底相继出台。强化保障和稳定市场是2009年我国住房政策围绕的两大主题。年初，土地、金融和房地产的相关政策都体现对住房市场的刺激，表达了中央促进住房市场尽快恢复的要求。2009年2月，各商业银行和各地方政府纷纷制定细则，贯彻国办发〔2008〕131号文件，七折优惠利率在住房贷款中迅速实施。同时，地方各级政府也出台了相关政策促进住房市场的恢复与重建。

从2009年4月开始，国内一线城市的住房市场相继恢复活力，以大型央企为代表的一些主要房地产开发企业开始着手在全国范围内竞买土地，"地王"的地价纪录不断被刷新。作为应对措施，政府加大了土地的供应，同时加强了对土地市场的规范和监控。2009年2月，国土资源部发布《国务院第二次全国土地调查领导小组办公室关于建立第二次全国土地调查工作动态通报制度的通知》，明确规定要落实最严格的耕地保护制度和节约用地制度，对违反国家产业政策、供地政策或用地标准，搭车用地、借机圈地、侵害农民权益等问题和政策执行不到位的地区进行重点督察。2009年4月24日，住房和城乡建设部、监察部治理房地产开发领域违规变更规划、调整容积率问题专项工作电视电话会议在京召开，会议要求加强对控制性详细规划修改特别是建设用地容积率管理情况的监督检查，严肃查处违法违规违纪案件。

保障性住房的建设被提到了前所未有的高度。2009年5月13日，国土资源部发布《国土资源部关于切实落实保障性安居工程用地的通知》，要求重点抓好城市廉租住房和林区、垦区、矿区棚户区改造，加快编制和修编2010~2011年和2009年保障性住房用地供应计划，扩大民生用地的比例，确保保障性住房用地的需求。2009年12月14日召开的国务院常务会议研究完善促进房地产市场健康发展的政策措施。为了抑制一些城市房价的过快上涨，会议提出加快保障性住房建设，增加普通商品住房的有效供给；继续支持居民自住和改善型住房消费，抑制投资投机性购房，继续大规模推进保障性安居工程建设。

在2009年12月9日召开的国务院常务会议决定将个人住房转让营业税征免时限由2年恢复到5年，以此遏制炒房现象。12月17日，财政部、国土资源部、中国人民银行、监察部、审计署五部委联合下发《关于进一步加强土地出让收支管理的通知》，要求开发商"首付比例不得低于全部土地出让款的50%"，分期缴纳全部价款的期限原则上不超过1年，特殊项目可约定在2年内全部缴清。开发商取得土地的资金门槛进一步提高，对"囤地炒地"的恶性行为有一定的遏制作用（表5-1）。

2009年中国城市住房相关政策汇总　　　　　　　表5-1

政策分类	颁布日期	颁布部门	文件（会议）名称	政策内容	政策目标
土地政策	2月	国土资源部	《国务院第二次全国土地调查领导小组办公室关于建立第二次全国土地调查工作动态通报制度的通知》	落实最严格的耕地保护制度和节约用地制度，对违反国家产业政策、供地政策或用地标准，搭车用地、借机圈地、侵害农民权益等问题和政策执行不到位的地区进行重点督察	整顿土地市场，节约集约用地
	5月13日	国土资源部	《关于切实落实保障性安居工程用地的通知》	加快城市廉租房和林区、垦区、矿区棚户区改造，加快编制和修编2010~2011年和2009年保障性住房用地供应计划	统筹协调及时调整土地供应结构，扩大民生用地的比例，确保保障性住房用地的需求
	11月10日	国土资源部、国家发改委	关于印发《限制用地项目目录（2006年本增补本）》和《禁止用地项目目录（2006年本增补本）》的通知	宗地出让面积不得超过下列标准：小城市（镇）7公顷，中等城市14公顷，大城市20公顷	防范土地闲置，缩短开发商占地周期
	11月18日	财政部、国土资源部等	《关于进一步加强土地出让收支管理的通知》	分期缴纳全部土地出让价款期限原则上不超过一年，特殊项目可以约定在两年内全部缴清，首次缴款比例不得低于全部土地出让款的50%	遏制炒地、囤地行为，增加普通商品房的供给
房地产政策	4月24日	住房和城乡建设部、监察部	治理房地产开发领域违规变更规划调整容积率问题专项工作电视电话会议	加强对控制性详细规划修改特别是建设用地容积率管理情况的监督检查，严肃查处违法违规违纪案件	严格控制规划变更，清理整顿住宅市场
	5月22日	住房和城乡建设部、国家发改委、财政部	《2009—2011年廉租住房保障规划》	从2009年起到2011年，争取用三年时间，基本解决747万户现有城市低收入住房困难家庭的住房问题	是《住房保障法》立法工作的预热，将各地住房保障工作好的做法固定下来
	12月5日	国务院	中央经济工作会议	增加普通商品住房供给，支持居民自主和改善性购房需求。加强廉租住房等保障性住房建设，支持棚户区改造	明确了鼓励合理的自住需求，住房保障依然是房地产调控重头戏

续表

政策分类	颁布日期	颁布部门	文件（会议）名称	政策内容	政策目标
房地产政策	12月14日	国务院	国务院常务会议	增加普通商品住房的有效供给，支持居民自住和改善型住房消费，抑制投资投机性购房，推进保障性安居工程建设	遏制部分城市房价过快上涨，保障房地产市场健康稳定发展
金融政策	1~2月	主要国有银行		住房贷款七折的优惠利率优惠细则	扩大内需，加强居民对普通自住房的购买信心
	5月27日	国务院	《关于调整固定资产投资项目资本金比例的通知》	保障性住房和普通商品住房项目的最低资本金比例为20%，其他房地产开发项目的最低资本金比例为30%	自2004年以来执行35%自有资本金贷款比例后的首次下调，预示着紧缩了数年的房地产信贷政策开始松绑
	12月9日	国务院	国务院常务会议	个人住房转让营业税征免时限由2年恢复到5年，其他住房消费政策继续实施	表明了中央鼓励自住型和改善型购房，抑制投资投机性购房的明确态度

5.1.2 救市政策的演化和终结

从2008年年底开始，中央和地方陆续出台了全面提升住房市场的政策和措施。2009年上半年，国内主要城市住房市场相继回暖，住房价格在经历2008年的回落后迅速上涨，上涨的速度更快，伴随着房价的飞涨，投资性和投机性的住房需求进一步增强，"地王"的纪录不断被刷新。

2009年下半年，中央开始逐步调控住房市场，陆续出台了一系列控制住房价格的措施。12月召开的国务院常务会议，要求各地加强市场监管，稳定市场预期，遏制部分城市房价过快上涨的势头。同时，财政部、国土资源部等五部委公布《关于进一步加强土地出让收支管理的通知》，将开发商取得土地的首付款比例提高到了五成，且分期缴纳全部价款的期限原则上不超过一年。

开始于2008年年底的救市政策在一年之内终结，中央开始采取史上最严厉的调控措施来规范住房市场，抑制住房价格。下半年相继出台的调控措施还将在2010年得以延续，这也显示了中央政府调控房价的决心和信心。

5.2 保障性住房政策发展

5.2.1 挖掘住房公积金潜力

1. 用住房公积金建设保障性住房

2009年10月，住房和城乡建设部等七部门联合下发《关于利用住房公积金贷款支持保障性住房建设试点工作的实施意见》，标志着大规模未利用的公积金正式被试点使用，意味着中国目前最大的公共基金——住房公积金闲置资金用于支持保障性住房建设的试点工作正式启动。住房和城乡建设部公布的《2008年全国住房公积金管理情况通报》显示，截至2008年年末，全国住房公积金银行专户存款余额为5616.27亿元，扣除必要的备付资金后的沉淀资金为3193.02亿元。沉淀资金占缴存余额的比例为26.35%，同比上升3.59个百分点（表5-2）。

公积金支持保障性住房建设试点城市政策汇总（2009年）　　　　表5-2

序号	城市	可支配数额（亿元）	主要措施
1	北京	210	用闲置住房公积金建设公共租赁住房、经济适用住房，采取财政补贴公积金贷款利息
2	上海	160左右[1]	继续对廉租房的建设提供资金支持，同时对经济适用房、公共租赁房和旧改动迁安置房等不同类型的保障性住房进行支持
3	乌鲁木齐	大于50	住房公积金中的闲置资金将用于支持保障性住房建设。缴存住房公积金的中低收入住房困难职工，可优先购买或租赁保障性住房
4	杭州		进一步加大对保障性住房建设资金的支持。拓宽保障性住房建设资金来源，积极争取开展利用住房公积金支持保障性住房建设试点工作。财政部门对经济适用住房项目建设资金给予适当补贴
5	西安	90左右[2]	定向使用于政府主导面向社会公开销售的经济适用住房、列入保障性住房规划的城市棚户区改造项目安置用房、政府投资的公共租赁住房建设，严禁用于商品住房开发和城市基础设施建设[3]
6	武汉	75左右[4]	将本地区部分住房公积金闲置资金补充用于经济适用房、廉租房等住房建设
7	大连	70左右[5]	使用住房公积金支持经济适用房和公共租赁住房建设
8	攀枝花	6	建设项目必须是政府主导的经济适用房、棚户区改造安置用房等，借款人必须是政府非赢利性的专门机构等

贷款规模：在优先保证职工提取和个人住房贷款、留足备付准备金的前提下，可将50%以内的住房公积金结余资金贷款支持保障性住房建设，贷款利率按照五年期以上个人住房公积金贷款利率上浮10%执行，严格控制贷款规模，禁止无偿调拨使用。

项目选择：利用住房公积金闲置资金发放的保障性住房建设贷款，必须定向用于经济适用住房、列入保障性住房规划的城市棚户区改造项目安置用房、特大城市政府投资的公共租赁住房建设，禁止用于商品住房开发和城市基础设施建设。

购买对象：利用住房公积金贷款建设保障性住房，在同等条件下，缴存住房公积金的中低收入住房困难职工，优先购买或租赁。

加强监督：必须加强贷款管理，保证资金安全。非试点城市不得利用住房公积金发放任何项目贷款。必须加强对住房公积金的监督检查。对在住房公积金试点工作中出现违纪行为的，要依据有关规定，严肃追究有关领导和人员的责任；构成犯罪的，移送司法机关追究刑事责任。

2. 用住房公积金支付房租

北京：2009年2月颁布了《关于提取住房公积金支付房租有关问题的通知》，规定职工支付房租提取住房公积金，需提供房屋租赁合同、房租发票或房租完税凭证。支付房租的职工及配偶可以提取本人账户内的住房公积金，提取总额不得超过实际发生的房租支出。该政策的出台有利于住房租赁市场的进一步活跃和低收入人群的住房保障，但私自租房的仍然不能享受到提取公积金的政策。

上海：2009年10月1日起开始实施《上海市职工提取住房公积金支付房屋租赁费用实施办法（试行）》，满足以下三类条件之一就能申请：享受上海廉租住房政策的；承租经济适用住房的；通过市场租赁方式依法租用住房，月房屋租赁费用超出家庭月工资收入20%的。由于申请者必须出示租房发票等凭证，而大部分房东只提供收据或收条，不愿承担相应的税金，所以该政策的执行遇到了相当大的阻力。同时，政策对应的群体以中低收入及就业时间较短的职工为主，其公积金余额普遍不高。这意味着在住房公积金贷款上限内，每提取1000元公积金用于支付房租，将牺牲未来4万元优惠利率贷款额度。不少人考虑到今后潜在的买房需求，不得不放弃享受住房公积金付房租的政策。此外，户籍不在上海的外来人口由于不是住房公积金的缴存者，因此无法享受这项新政。因此，截至2009年10月底，市公积金管理中心下属各区县18个管理部，办结104笔。其中，廉租房对象为90笔，市场租房者仅14笔。[6]

宁波：2009年12月出台了《宁波市市区职工提取住房公积金支付房租操作规程》，规定凡享受本市廉租住房政策、承租本市经济租赁住房、在工作所在地和住房公积金缴存地行政区域内无房并通过市场租赁方式依法租赁自住住房的职工，可以申请提取本人住房公积金账户内的存储余额，用于支付房屋租金，每月每户最高提取700元。

三个城市的政策有类似之处，都要求房东开具发票，这无疑加大了实施的难度，因为房东都不愿意承担税金。更大的问题是，由于该政策只涉及有本地户籍的中低收入群体，广大外来人口的住房困难仍然没有得到解决。

3. 用住房公积金首付购房款

2009年3月31日，北京住房公积金管理中心发布了《关于购买政策性住房职工提取住房公积金支付首付款有关问题的通知》，规定凡购买政府组织建设的政策性住房的职工及其配偶，均可一次性申请提取职工本人账户内的住房公积金转入职工个人储蓄账户用于支付购房首付款。申请提取住房公积金时，应提供的材料包括：《选房确认单》原件及复印件、开发商开具的加盖公章的购买政策性住房证明、职工本人身份证原件及复印件。

政策实施中，由于开发商拒绝开具购买政策性住房的证明，很多购房者没能将公积金账户中的钱提取出来用作购房首付。其主要原因是住房开发企业没有接到政策房销售与公积金提取对接的操作细则。因此，2009年9月16日，北京住房公积金管理中心又发布了《关于调整购买政策性住房职工提取住房公积金支付首付款有关问题的通知》，取消了原通知中关于"提取人需提供开发商开具的加盖公章的购买政策性住房证明"的规定。

5.2.2 廉租住房政策的深化

我国的廉租住房建设全面兴起始于2007年，目前仍然处于起步阶段。截至2008年年底全国还有747万户城市低收入住房困难家庭亟须解决基本住房问题[7]。为统筹安排廉租住房建设，2009年5月22日，住房和城乡建设部、国家发改委、财政部联合下发了《关于印发2009—2011年廉租住房保障规划的通知》。《规划》要求加大廉租住房建设力度，着力增加房源供应，完善租赁补贴制度，加快建立健全以廉租住房制度为重点的住房保障体系。

《规划》要求从2009年起到2011年，基本解决747万户现有城市低收入住房困难家庭的住房问题。其中，2008年第四季度已开工建设廉租住房38万套，三年内再新增廉租住房518万套、新增发放租赁补贴191万户，并将任务分解到各省、直辖市、自治区和新疆生产建设兵团（图5-1）。同时，进一步健全实物配租和租赁补贴相结合的廉租住房制度，并以此为重点加快城市住房保障体系建设，完善相关的土地、财税和信贷支持政策。在此基础上，由省级行政单位作为总负责，各县市又分别制订了本区域的廉租住房三年规划。

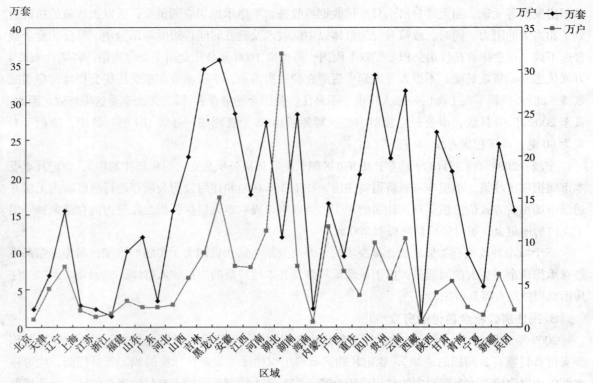

图 5-1 各省、直辖市、自治区和新疆生产建设兵团廉租房建设计划（2009~2011年）
资料来源：住房和城乡建设部网站

5.2.3 公共租赁房政策的提出
1. 政策的产生背景

事实上，在住房制度改革之前，我国就已经建立起比较完备的公共租赁住房体系，因此，"公共租赁住房"这一概念在国内并不是第一次出现。只是，前后的两个概念在内涵和意义上有所区别。

我国房改之前的福利分房制度，绝大多数都是政府或单位统一建设住房，再以低廉的价格出租给居民或职工。20世纪末住房制度改革后，商品房市场逐步繁荣。除了少数城市仍有小规模的廉租房之外，公共租赁住房在各级城市逐步萎缩。公共租赁住房是政府为解决中低收入群体的居住困难的一条重要途径，它与廉租房、市场租赁房共同成为住房租赁市场的组成要素。

通过进一步细分可以发现，当前政府大力倡导并组织建设的公共租赁住房其实是为城市"夹心层"设计的。所谓"夹心层"，是指不够申请廉租房或其他政策性住房的条件，但自身的收入水平又无法购买商品房的群体，比如户籍不在居住地，或收入水平超过了可以申请保障性住房的最高限的本地中等收入的群体。

2. 若干城市相关政策

北京：2009年8月1日，北京市住房和城乡建设委员会、北京市发展和改革委员会等10机构共同颁布了《北京市公共租赁住房管理办法（试行）》，标志着北京市将公共租赁房建设正式纳入政策性住房建设体系。《办法》明确规定，公共租赁住房实行公开的轮候配租制度，其中符合廉租、经适、限价"三房"条件及家庭中有60周岁（含）以上老人、患大病人员、残疾人员、复转军人、优抚对象或属重点工程拆迁的可优先配租。9月18日，北京市首个公共租赁房项目——朝阳区北苑南区项目开工建设，项目的开工标志着北京市公共租赁房建设正式启动。该项目规划建筑面积3万平方米，建成后可提供500余套公共租赁住房。2010年3月，公共租赁住房发展中心正式挂牌，将负责公租房建设、收购、融资以及配租、退出等管理工作。这也是全国首个单独成立的公共租赁住房管理机构。2010年，北京公租房的建设目标也增至1万套以上。

上海：2010年6月3日，上海市政府召开新闻通气会，首次公布了上海市发展公共租赁住房实施意见的征求意见稿。申请者必须同时符合四项条件：①有上海城镇常住户口或上海市居住证，连续缴纳社会保险金达到规定年限；②已与上海就业单位签订一定年限的劳动或工作合同；③在上海无自有住房或人均住房建筑面积低于15平方米；④申请时未享受上海其他住房保障政策。上海的政策将保障覆盖面从户籍人口扩大到有基本稳定工作的常住人口，这使得外来务工人员也得以进入城市住房保障体系，这在我国城市住房保障制度中是一个重大突破。

深圳：该市于2008年1月就颁布《深圳市公共租赁住房管理暂行办法》，是国内大城市中较早探索公共租赁住房制度改革的城市之一。深圳是在借鉴香港发展"公屋"经验的基础上，从2006年起探索建立"公共租赁住房"制度的，《办法》实施两年以来，对加快深圳城中村的改造起到了良好的促进作用。

5.3 小产权房

小产权房又称乡产权房，是在农村集体土地上违规建设并出售的住房。与普通商品房相比，小产权房由于没有经历土地征用的法律程序，未缴纳土地出让金，所以价格低于同区段的商品房。在住房价格日益上涨的趋势下，难以购买普通商品房的居民往往就通过购买小产权房来解决居住需求。

5.3.1 小产权房的由来及发展

近10年来，随着城市化率的逐步提高，全国各级城市的人口集聚程度不断提升，住房的刚性需求日益增加，再加上土地资源的稀缺和投资渠道的有限，城市商品住房价格迅速上涨。中低收入阶层难以支付高昂的住房价格，小产权房在这样的大背景下就应运而生，并且获得了快速扩张的利益空间。小产权房由于价格低廉，在住房市场中拥有较强的竞争力，但它终究是一种违法建设的非正规住房。小产权房的存在极大地扰乱了正常的住房市场交易秩序，使得城市周边的农村集体经济组织在利益的驱动下违反城市规划和土地利用总体规划的规定，不断扩大集体建设用地的规模，不仅造成了土地资源的盲目占用，同时还剥夺了本应由国家收入的土地增值收益（图5-2）。

截至2007年上半年，全国小产权房面积已经达到66亿平方米，占全国村镇房屋建筑面积的20%以上，其中有很大比例是农民在宅基地建房然后出售（季雪，2009年）。从图5-2可知，相对普通商品房，小产权房的开发建设程序较少，其中省略了土地征用和招拍挂的过程。国家没有取得用地性质发生转变后产生的土地增值收益，从而导致小产权房的成本相对普通商品房低很多。

5.3.2 若干城市小产权房概况

北京：小产权房产生于20世纪末，最初是一些中高收入的离退休人员为了追求环境优良的养老居所而购买郊区的闲置农宅。后来，一些艺术工作者在宋庄等与城区联系便利、房租低廉的农村地区承租或购买农民宅基地自建住房用于艺术创作和居住。新农村建设政策的实施使农民集中"上

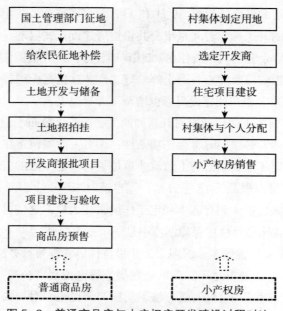

图 5-2 普通商品房与小产权房开发建设过程对比

楼"[8]的规模迅速扩张，农村集体经济组织在给农民建设公寓时，将剩余的住宅私下投入住宅市场。由于这些住宅不涉及土地使用费，因此价格低廉，规模迅速扩张。2009 年 4 月中旬至 5 月中旬，北京市国土资源局会同北京市农委对北京市郊区区县农业结构调整项目初步进行清理，发现非法用地项目 34 个，分布在昌平、通州、顺义、房山、大兴等 8 个郊区县（中国新闻周刊，2009 年）。一些承租方建蔬菜大棚时，建设所谓"配套用房"，对外租售。租期一般为 20~50 年，每套价格从 18 万 ~60 万元不等。

深圳：2009 年 6 月 2 日，深圳市颁布了《关于农村城市化历史遗留违法建筑的处理决定》，要求在一年内完成违法建筑普查工作。经普查记录的违法建筑，区别其违法程度，根据《决定》以及土地利用总体规划、城市规划和土地利用计划的要求，分别采用确认产权、依法拆除或者没收、临时使用等方式，分期分批处理。这部分"违法建筑"中，有相当一部分属于"小产权房"。但鉴于中央针对全国范围的小产权房处置方案并未出台，因此，深圳在制定相关政策时回避了"小产权房"这一概念。《决定》的颁布反映出"小产权房"问题的解决在深圳已是迫在眉睫，显示了政府整治违法建筑、规范住宅市场的决心。

石家庄：根据王彦等所作的调查，石家庄的小产权房单独建设的很少，多与农民住宅楼混建。如留营小区共有住宅 57 栋，除 4 栋为有房产证的市直机关宿舍外，其余 53 栋均为小产权房。这些住宅的 5、6 层公开对外出售，其余楼层出售给本村村民，出售给本村村民的住宅许多也已经转让给非本村村民（王彦，2010 年）。据《经济观察报》报道，石家庄曾于 2006 年从市区挑选两个"城中村"作为试点，尝试为居住在集体土地上的农民办理房产证，但由于国家在这方面还没有相关政策支持，该措施后来被强制叫停。

5.3.3 解决小产权房难题的政策之惑

1. 房价持续上涨的困境

自从新世纪开始以来，我国主要大中城市均经历了住房价格持续上涨的过程，尤其是北京、上海、广州、深圳等特大城市，房价上涨的速度已超出了普通居民的支付能力。同时，随着城镇化进程的加快，我国每年都有上千万的农民转化为市民，住房的刚性需求非常大。这部分进入城市的新移民，有相当一部分通过非正规住房[9]暂时解决了居住需求。对于中等收入的新移民而言，购买属于自己的住房就提上了议事日程。面对价格日益上涨的商品房，大部分购房者无法支付高昂的房价，在这种条件下，价格低廉的小产权房就拥有了很大的市场空间。这些住房和普通商品房一样位于城市郊区，建设标准也不比普通商品房低，除了没有"双证"[10]，其余条件几乎与普通商品房完全一致。因此，高涨的房价是促使小产权房屡禁不止、遍地开花的重要原因。

2. 既有小产权房已成规模

小产权房产生至今已十年有余，这十年也正是我国城市住房价格快速上涨的时期，小产权房规模的扩张与房价的上涨是同时进行的。但面对非正常飙升的房价，居民购买非正规的小产权房在某种程度上又显得"迫不得已"。当前，全国主要大中城市，小产权房已有较大规模。这些既成事实的小产权房，是逐步承认它们的合法性，还是继续认定为违法建筑，目前还没有明确的政策出台。从政策制定者的角度而言，承认现有小产权房的合法性，就需要收取相应的土地增值收益，这部分收益该向农村集体经济组织还是购买者，或者是开发商收取，这在实际操作层面都比较难。如果不承认现有小产权房的合法性，那这部分规模庞大的非正规住房仍然是一个历史遗留问题，并且有可能会助长地方继续建设小产权房的风气。

3. 各地执法力度不一

针对各主要城市出现的小产权房问题，中央多次明确提出，集体土地不得用于商品住宅开发，城镇居民不得到农村购买宅基地、农民住宅或小产权房，并要求各地坚决制止、依法严肃查处。从2007年起，有关解决小产权房的法律法规逐渐出台。2007年6月，原建设部发出购房风险提示，提醒购房者，以城镇居民身份到农村购买农村住房，不符合现有土地管理制度的规定，城镇居民购买小产权房没有法律保护。2007年12月，温家宝总理召开国务院常务办公会研究促进节约集约用地和依法严格管理农村集体建设用地问题，明确要求城镇居民不得到农村购买宅基地、农民住宅或小产权房。2008年1月，国务院下发《关于严格执行有关农村集体建设用地法律和政策的通知》。通知指出，任何涉及土地管理制度的试验和探索，都不能违反国家的土地用途管制制度。由此可见，对于处理小产权房问题，中央的态度十分明确，关键是地方要下决心，协调各方，依法查处。

5.4 二套房贷

二套房贷是指借款人利用贷款所购买的首套自住房以外的其他住房。2009年，二套房贷经历了从宽松到逐步收紧的过程。二套房贷政策松动在一定程度上助长了房地产投机、投资行为。中央重申严格执行二套房贷政策的出发点在于防范住房市场风险和金融风险。坚持严格的二套房贷政策以及相关的调控政策，坚持住房市场的调控方向，才能使住房价格回归合理的区间。

5.4.1 房贷首付调整历程

住房贷款首付款的比例在一定程度上反映了国家对住房市场调控的方向。从2006~2010年的五年间，我国住房贷款的首付比例经历了数次调整。其中，2006~2007年是逐步从紧的过程，二套房贷的首付比例从30%上升为40%，显示了中央调控住宅市场的决心。2008年，由于全球金融危机的影响，我国城市住房市场迅速萎缩，住房价格持续下降。中央为了提升消费信心，拯救房地产市场，于2008年下半年又将二套房贷的首付比例下降为20%，并且在利率方面给予了七折的优惠措施。

我国住房贷款首付额度调整历程（2006~2010年） 表5-3

时段	主要政策	政策绩效
2006年	5月24日，国务院办公厅转发了建设部、国家发改委等九部门联合下发的《关于调整住房供应结构稳定住房价格的意见》，规定从2006年6月1日起，个人住房按揭贷款首付款比例不得低于30%	由松变紧
2007年	中国人民银行、银监会9月27日共同发布了《关于加强商业性房地产信贷管理的通知》，规定申请购买第二套（含）以上住房的，贷款首付款比例不得低于40%	继续从紧
2008年	10月22日，中国人民银行宣布：首次购房及改善型购房的贷款首付比例下降到两成。12月中旬，国务院还出台规定，二套房贷可以享受与首套住房同等的优惠待遇	从紧到松
2009年	6月19日，银监会下发《关于进一步加强按揭贷款风险管理的通知》，要求严格执行二套（含第二套以上）住房的贷款首付比例不得低于40%	从松到紧
2010年	4月17日，国务院发布《国务院关于坚决遏制部分城市房价过快上涨的通知》，对购买首套自住房且面积在90平方米以上的家庭，贷款首付不低于30%，对贷款购买第二套住房的家庭，贷款首付不低于50%	继续从紧

随着住房市场的回暖，2009年，住房价格持续上涨，为了抑制房价非理性上升的势头，从下半年开始，银监会又开始在全国范围内收紧住房贷款，二套房贷的首付比例再次提升为40%。2010年4日，中央出台了更为严厉的调控措施，"国十条"[11]的颁布将二套房贷的首付比例拉高到前所未有的50%，进一步明确了抑制住房价格、规范住房市场的调控方向（表5-3）。

5.4.2 二套房贷收紧的政策效果

1. 抑制住房价格

2009年上半年，住房市场在中央及地方"救市"政策的刺激下进入新一轮快速上涨时期。全国主要城市房价均在2009年飙升，深圳的房价在9月步入2万元/平方米时代。根据国土资源部发布的《2009年全国主要城市地价状况分析报告》，2009年全国住宅价格的增长率为25.10%。房价的飞涨意味着投资性购房的比例在不断上升，在一些城市甚至出现了一些"跟风型"和"恐慌型"的购房者，而畸高的房价同时又抑制了中低收入者的购房需求。住房价格的持续上涨在另一方面也振奋了开发商的投资信心，北京、广州、深圳陆续出现"地王"，并且成交价格的纪录不断被刷新。

中央为了抑制住房价格，防止房地产泡沫的出现，出台了一系列调控住房市场的严格的政策，其中关键的一条就是收紧二套房贷。从2009年下半年开始，伴随着银监会下发的《关于进一步加强按揭贷款风险管理的通知》，各商业银行开始执行二套房贷款首付比例不得低于40%的规定。随着购买第二套及其以上住房现金成本的提高，《通知》在一定程度上限制了投资性和投机性购房需求。

2. 规范住房市场

当前，我国住房制度改革的重点是加强住房保障，着力解决中低收入阶层的住房困难。一方面，要大力发展和建设保障性住房，满足低收入群体的住房需求；另一方面，还要加大普通商品房的市场供应，以满足中等收入群体的住房需求。在住房价格快速上升的背景下，住房市场中就会出现一大批以投资和投机为目的的消费者，他们期望通过住房投资获得高额的回报，而普通的消费者因此被隔离在住房市场之外。

二套房贷的收紧有利于将以投资和投机为目的的购房者逐步"挤出"住房消费市场，而使普通消费者成为住房消费的主体。在我国住房制度还不够完善的前提下，保障性住房的供给还不能满足中低收入阶层日益增长的住房需求，因此，只能通过增大普通商品房的市场供给来解决广大居民的居住需求。二套房贷收紧政策的严格执行将在一定程度上规范当前无序混乱的住房市场，使市场的交易主体逐步回归到正常的范畴。

5.4.3 二套房贷政策取向

1. 以家庭为单位认定第二套房

在中央出台关于二套房贷的严厉政策后，这样一个问题又摆在各商业银行面前，如何认定第二套房？是以个人为认定单位，还是以家庭为认定单位，或者是以贷款为认定单位，这是需要明确的一个重要问题。因此，有人提出以下四套可能的方案供参考。其中，方案一要求的条件最为宽容，是以个人为认定单位，并且如果还清以前贷款，新购房就不算第二套房。方案四要求最为严格，不仅以家庭为单位认定第二套房，还规定只要有过贷款买房经历，就不能享受首套房的购房贷款优惠。方案二和三的严格程度介于方案一和四之间（表5-4）。

2. 严格控制第三套以及以上住房的购买

在严格执行二套房贷政策的基础上，对于准备购房更多商品房的消费者，应该执行更为严格的控制措施。关于第三套房的首付比例以及贷款利率都应该相应提高，根据第二套房的标准进一步提高缴付比例。也可以在一定程度上执行更为严厉的措施，就是暂时冻结第三套及其以上住房贷款的发放，待住房价格理性回归后再有所松动。另一方面，也可以着手研究物业税和房产税等新税种，促成这些新税种的开征，只要多方位的政策组合，才有可能真正实现对住房市场的规范，使住房价格回归到合理的范畴，满足普通居民日益增长的居住需求。

住房贷款第二套房认定方案　　　　　　　　　　　　　　　　　表5-4

方案	主要措施	对购房者的效果
一	以个人为认定单位，如果还清了以前购房的贷款，新购买住房就不算第二套房	宽松
二	以个人为认定单位，只要有过贷款买房经历，本人再次申请房贷就只能认定为第二套房	相对严格
三	以家庭[12]为认定单位，如果还清了以前购房的贷款，新购买住房就不算第二套房	相对宽松
四	以家庭[13]为认定单位，只要有过贷款买房经历，再次申请房贷就只能认定为第二套房	严格

注释：

1　资料来源：上海市住房公积金2009年度运行分析报告。
2　截至2009年10月底，西安住房公积金归集余额195.10亿元，而历年累计发放的个贷仅为86.11亿元。
3　资料来源：《西安市利用住房公积金贷款支持保障性住房建设实施方案》（讨论稿）。
4　http://esf.sh.soufun.com/newsecond/news/3001882.htm。
5　截至2009年年末，大连市累计为18.78万户家庭发放个人住房公积金贷款244.74亿元，贷款余额143.83亿元。

6 资料来源：上海市政协委员屠海鸣提交的上海"两会"的提案（http://www.cnstock.com/index/gdbb/201001/349961.htm）。

7 资料来源：《2009—2011年廉租住房保障规划》（住房和城乡建设部、国家发改委、财政部）。

8 "上楼"：农村集体经济组织统一建设多层住宅区，将分散居住的农民集中，初衷是集约利用农村建设用地，提高农民居住质量。

9 非正规住房：通过非正规的住房租赁市场取得的住房，如城中村的出租房等。

10 双证：房屋产权证和国有土证使用证。

11 "国十条"：《国务院关于坚决遏制部分城市房价过快上涨的通知》。

12 这里的家庭概念包括未年满18岁的子女，有年满18岁以上的子女的，如果已婚则单算一户，未婚的，如果年满25岁以上则单算一户，未满25岁的，仍然与父母合算一户。

13 这里的家庭概念同方案三。

第六章 住宅与技术

6.1 住宅与法规

6.1.1 绿色建筑评价标识

为贯彻落实《国务院关于印发节能减排综合性工作方案的通知》精神，充分发挥和调动各地发展绿色建筑的积极性，绿色建筑评价标识得到了住房和城乡建设部的大力推进。2009年6月住房和城乡建设部建筑节能与科技司主办了"绿色建筑评价标识推进会"，成立了绿色建筑评价标识专家委员会和绿色建筑评价标识网，并对地方绿色建筑评价标识管理和评价人员进行了培训。

作为中国绿色建筑整体评价系统的一部分，住房和城乡建设部要求各地按照《绿色建筑评价标识管理办法》（建科［2007］206号）和《关于推进一二星级绿色建筑评价标识工作的通知》（建科[2009]109号）等相关规定和要求，严格按照《绿色建筑评价标准》（GB/T 50378—2006）、《绿色建筑评价标识技术细则》（建科［2007］205号）、《绿色建筑评价技术细则补充说明（规划设计部分）》（建科[2008]113号）和《绿色建筑评价技术细则补充说明（运行使用部分）》（建科函[2009]235号），开展各地范围内的一、二星级绿色建筑评价标识工作。目前全国各地的业主单位或房地产开发商可以申请绿色建筑评价标识，经过评估认证，达到绿色建筑等级者，可以颁发证书和标志。同时按照住房和城乡建设部提出的凡是政府财政投资的项目，都必须达到建筑节能的最低标准，所有廉租住房和经济适用住房必须率先使用绿色建筑标准和绿色建筑标识。

6.1.2 容积率专题

住房和城乡建设部、监察部决定针对房地产开发中违规变更规划、调整容积率等问题开展专项治理，并于2009年4月29日下达《关于对房地产开发中违规变更规划、调整容积率问题开展专项治理的通知》（建规[2009]53号）。通知要求完善相关政策、制度；加强对控制性详细规划修改特别是建设用地容积率管理情况的监督检查；严肃查处违纪违法案件。在持续8个月的治理后，住房和城乡建设部又组织各地区容积率专项治理办公室，明确要求要在年底前组织开展一次专项治理工作"回头看"，重点对自查自纠不深不细、整改不到位、案件查处不力等问题进行认真复查整改，并对专项清理的有关统计数据进行补充完善。

在近几年来，各地先后发布《容积率指标计算规则》，并在规划调整中鼓励在为城市空间作出积极贡献（如增加绿化率等）的同时适当提高容积率，在鼓励地下利用的同时也规范建筑设计行为。以北京市规划委员会发布的《容积率指标计算规则》（市规发[2006]851号）为例。指出容积率系指一定地块内，地上总建筑面积计算值与总建设用地面积的商。地上总建筑面积计算值为建设用地内各栋建筑物地上建筑面积计算值之和；地下有经营性面积的，其经营面积不纳入计算容积率的建筑面积。当住宅建筑标准层层高大于4.9米（2.7米+2.2米）时，不论层内是否有隔层，建筑面积的计算值按该层水平投影面积的2倍计算；当住宅建筑层高大于7.6米（2.7米×2+2.2米）时，不论层内是否有隔层，建筑面积的计算值按该层水平投影面积的3倍计算。地下空间的顶板面高出室外地面1.5米以上时，建筑面积的计算值按该层水平投影面积计算；地下空间的顶板面高出室外地面不足1.5米的，其建筑面积不计入容积率。

但正如住房和城乡建设部指出的，近年来重庆、昆明、海口等城市的房地产开发过程中，在规划审批环节上相继发生重大腐败案件，其主要表现是，一些开发商在拿到土地后便采取不正当手段，勾结城乡规划部门的某些领导和干部，擅自修改规划方案，改变土地使用性质，或者提高容积率，以牟取非法利润。这些腐败案件的发生说明，尽管《城乡规划法》已经颁布实施一年多了，但城乡规划实施管理工作与法律要求相比，仍然存在着不少亟须解决的问题，城乡规划管理的机制和体制还需要依法进一步完善，城乡规划审批许可的一些关键环节还需要依法进一步强化。城乡规划系统发生的腐败案件，对政府形象与和谐社会建设造成了严重的损害，对国家、社会造成了严重的经济损失，对城市房地产市场的健康发展造成了严重的影响，这些问题已经引起了党中央和国务院的高度重视。在第十七届中央纪委第三次全会、国务院第二次廉政工作会议精神和《建立健全惩治和预防腐败体系2008—2012年工作规划》的大背景下，为推进重点领域和关键环节改革，深化从源头上防治腐败工作，提高城乡规划依法行政水平，有了这次专项治理行动。

6.2 住宅与设计

6.2.1 廉租房保障标准

2009年廉租房的保障方式和保障标准有了一些新动态。2009年5月22日住房和城乡建设部、国家发改委、财政部关于印发《2009—2011年廉租住房保障规划》（建保[2009]91号），要求新建廉租住房采用统一集中建设和在经济适用住房、普通商品住房、棚户区改造项目中配建两种方式，以配建方式为主。

这份文件不仅延续了2007年《国务院关于解决低收入家庭住房困难的若干意见》的要求，更明确要求廉租住房保障标准控制在人均住房建筑面积13平方米左右，套型建筑面积50平方米以内，保证基本的居住功能。

对于保障房需要具有哪些功能和多大面积以及如何公平分配保障房，有人对分配角度提出新的思路：由于廉租房要达到的一定条件才能入住，因此财产审核和监管就成为了能否入住廉租房的关键，但财产审核和监控的难度很大。对廉租房财产审核和监控的压力也影响到廉租房的配置标准。经济学家茅于轼提出："廉租房应该是没有厕所的，只有公共厕所，这样的房子有钱人才不喜欢。"[1]引起较大的争议。

2009年廉租房在政策措施方面也有一些新举措。上述《规划》要求新建廉租住房主要在经济适用住房、普通商品住房和城市棚户区改造项目中配建。配建廉租住房的套数、建设标准、回购价格或收回条件，要作为土地划拨或出让的前置条件，并在国有建设用地划拨决定书和国有建设用地使用权出让合同中明确约定。此外，在廉租房的区位布局方面，规划要求廉租住房项目要合理布局，尽可能安排在交通便利、公共设施较为齐全的区域，同步做好小区内外市政配套设施建设。这些要求的影响将在以后的住宅区特别是普通商品房的规划设计中逐渐体现。落实《2009—2011年廉租住房保障规划》中的这些政策措施，将对我国建设和谐社会，避免贫富扩大化和杜绝城市病现象有积极效果。

按照住房和城乡建设部、国家发改委、财政部三部委的《2009—2011年廉租住房保障规划》，三年内全国将新建廉租住房518万套，具体到2009年为新增廉租住房房源177万套。全国人大常委会调研组报告显示，截至2009年8月底保障性住房建设完成投资394.9亿元，完成率仅为23.6%。据住房和城乡建设部政策研究中心课题组信息，从全国总体情况看，2009年实物廉租住房建设任务完成尚未过半。

6.2.2 灾后重建住宅建设标准

继2008年汶川大地震时隔一年之后，各地灾后重建逐渐进入高潮。住房和城乡建设部就灾后重建住房的面积、环境配套、抗震、建筑及小区的风貌特征、金融支持提出了建设标准。

对于面积标准。廉租房建设面积标准原则上控制在40~50平方米；经济适用住房面积控制在60~80平方米；限价商品房控制在90平方米以内；一般商品房震毁重建，可按原有面积、套型重建；其他商品住房面积根据当地市场需求由开发企业确定。

对于环境配套。各类住房建设应与区域周边环境以及当地生活习俗相协调，符合适用性、环境性、经济性、安全性、耐久性等住房性能要求。

对于抗震标准。应按国家地震局发布的最新抗震区划及住房和城乡建设部发布的建筑抗震标准规范来合理设置抗震标准。不宜盲目提高标准而造成浪费。

对于建筑及小区的风貌特征。住房风貌是城镇整体风貌特征的基本组成部分，应在重建住房和加固重修住房时，尽量延续和重塑原有的城镇历史文脉和格局，保留和弘扬城镇地域文化特色和风貌，体现城镇人文、民族特点和多样性的要求，保留和形成可持续的城镇景观资源。

对于金融支持。就大部分房屋所有者而言，缺乏银行的金融支持是无法实现灾后重建和房产修复加固的。原提供按揭的银行应主动在延长还款年限、降低并固化利率的前提下（或提供三年重建期的"零利率"贷款），继续为业主和开发商提供金融支持。这样做，既可以换取业主和开发商的还款承诺而强化银行的债权，将灾后所发生的"呆账"变活，减少银行的金融风险，更重要的是可大大加快灾后重建的进程。对于业主来说，只增加部分低息按揭贷款就可以换取符合抗震标准的房产。

6.3 住宅建造生产

6.3.1 住宅工程建设与质量过程控制

据住房和城乡建设部安全管理办公室2009年通报，就全国来看建筑安全生产形势不容乐观。建筑生产安全较大事故仍有发生，据初步统计，截至12月10日，全国共有11个地区发生一次死亡3人以上的较大事故。如"6·27"上海闵行区一栋在建13层的住宅楼整体倒塌，社会影响恶劣；部分地区事故起数和死亡人数呈上升趋势，截至12月10日，全国有11个地区的事故起数、8个地区的死亡人数同比上升。另一方面，与巨大的工程建设规模相比，安全质量监管力量凸显不足，目前大部分地区特别是大中城市的人均工程质量监督面积达到了50万~100万平方米。

为了进一步加强建筑工程安全质量监督管理，住房和城乡建设部指出：一是强化监督检查。开展以防范深基坑、脚手架、高大模板支撑和建筑起重机械等事故为重点内容的建筑安全生产专项治理工作；认真组织开展工程建设实施和工程质量管理突出问题的专项治理工作；组织开展全国建筑安全生产督查和保障性住房质量专项督查。住房和城乡建设部副部长郭允冲要求确保住宅工程质量。要高度重视保障性住房的质量管理，针对保障性住房的建设特点，调整充实监管力量，加大监督巡查力度，切实保证质量。要加快推行住宅工程质量分户验收制度，集中力量开展住宅工程质量通病专项治理，着力消除影响住宅结构安全和主要使用功能的质量缺陷和隐患，坚决禁止类似上海倒楼等事故的再次发生，切实维护群众利益，维护社会稳定。

住宅工程建设与质量过程控制问题受到社会的关注。工程质量工作涉及多方责任主体和多个管理环节，是一项复杂的系统工程。特别是随着社会主义市场经济体制的逐步完善和政府职能转变的不断深化，迫切要求加快制度和实践创新，完善管理机制和技术体系，不断提高工程质量工作的能力和水平。一是要完善法规制度体系，夯实质量工作基础。要针对实践中出现的新情况、新问题，进一步改进和完善施工图审查、质量监督、质量检测、竣工验收备案、质量保险等各个环节的管理制度，进一步强化建设单位特别是房地产开发企业的质量责任，进一步合理界定工程监理以及施工图审查、质量检测等中介机构的责任，进一步强化勘察、设计、施工、监理等注册执业人员的个人责任。二是要健全责任追究制度，落实各方质量责任。要落实各方主体的质量责任，落实监管部门的监管责任，落实工程质量终身责任制。三是要强化政府监督管理，提高质量监管水平。要改进工程质量监管模式，加大监督执法力度，发挥市场机制的约束作用。四是要狠抓企业质量管理，增强质量保证能力。要提高质量管理水平，做好人才保障工作，增强技术创新能力，积极提高创优能力。

6.3.2 中国住博会

2009年11月11日，由住房和城乡建设部主办的第八届中国国际住宅产业博览会（简称住博会）在北京国家会议中心开幕。本届住博会以"省地节能环保、共筑明日之家"为主题，围绕建设省地节能环保型住宅的核心技术，搭建展示、交流、交易的平台，积极推广"四节一环保"的相关技术和产品，以带动住宅品质和性能的提升，推进住房建设和消费模式的转型。住房和城乡建设部认为住宅产业化工作是建设省地节能环保型住宅的重要途径，各地要建立健全住宅产业化工作机构，通过国家住宅产业化基地、康居示范工程、住宅性能认定、住宅部品认证等工作机制，实现住宅产业的可持续发展。本届住博会既是检阅中国住宅节能减排降耗技术，检阅我国住宅质量和品质的一次盛会，也是促进行业健康发展的现场交流会。

中国住博会是住房和城乡建设部主办的唯一大型国际住宅产业专业博览会，是目前中国专业性最强、权威性最高、最具影响力的住宅产业展会。本届住博会重点展示了我国住宅产业的热点技术与产品，综合推出"明日之家1号"示范展、住宅产业化综合展、国际建筑技术（部品）展、住宅产业十大重点推广技术展、房地产开发企业和项目展、国际最新的零能耗住宅体系展等，还组织了2009中国房地产及住宅产业高峰论坛暨住房和城乡建设部A级住宅颁证会、中日住宅技术论坛、中国房地产市场发展趋势报告会等。"明日之家1号"是集成目前国内外最新最前沿的技术和部品，采用国际上新型的SI（Skeleton Infill）住宅体系，在较小的套型面积内建造三室两厅、厕浴分离、保温隔热、新风置换、智能控制、管线有序、维修方便、安全耐久、性能优越的高舒适度概念示范屋，营造面向未来、符合国情的普适型、工业化、高性能、全装修、全寿命住宅样板。

住博会每年举行一次，最近三届住博会的主题分别是："依托住宅产业化，大力发展节能省地型住宅，提高住宅质量和品质，构建循环经济、资源节约、环境友好型的居住社区"（第五届），"依托住宅产业化，大力发展节能省地型住宅，提高住宅的品质和性能，构建资源节约、环境友好型的和谐住区"（第六届）和"节能减排降耗，提升住房品质"（2008年第七届）。

6.3.3 住宅建筑节能与供暖计量改革

2009年10月22日北方采暖地区供热计量改革工作会议在河北省唐山市召开。住房和城乡建设部提出要进一步统一思想，充分认识供热计量改革在国家节能减排战略中的重要地位和作用。要明确工作重点，把供热计量改革作为今后一个时期促进建筑节能的中心环节，尽快制订推进供热计量改革的方案和措施。仅对既有建筑实施供热计量改造并按用热量计价收费，就可以节能20%左右。姜伟新提出如果同步进行围护结构节能改造，建筑节能的潜力将更大，可以达到50%。由此可见，此项改革是北方地区建筑节能不可替代的基础性工作。推进供热计量改革是系统性工程，唐山以及承德、天津、榆中等地走在了全国的前列。

天津市从2000年就开始推行"二步"建筑节能标准，并从2005年在全国率先推行"三步"建筑节能标准，在规划、设计、施工、竣工验收等方面，建立了较完善的政策和技术标准体系。2008年，天津市政府下发了《转发市建委市财政局拟定的天津市1300万平方米既有居住建筑供热计量与节能改造实施方案的通知》，将任务分解到各个区县，全面推动了天津市既有居住建筑供热计量及节能改造工作。到目前为止，共下达改造计划946万平方米，已完成475万平方米，在施276万平方米。计划3年内完成1300万平方米改造项目的所有计量收费工作。根据用户采暖能耗计算热费并实施退费，是天津市供热计量实验得到用户理解和支持的重要工作。供热单位按照《天津市住宅供热计量收费暂行管理办法》的规定，在每年6月15日开始与用户进行热费结算，实行"多退少补"。在借鉴国内外相关经验和测算大量样本数据的基础上，2006年完成的《制定天津市住宅采暖供热计量热价及相关政策研究》课题，提出了天津市供热计量的热价方案，出台了《天津市住宅供热计量收费暂行管理办法》及供热计量热价。从近几个采暖期的实践情况看，各个实验项目退费总额都能控制在10%左右，退费率都达到70%以上，达到了预期目标和效果。

从2006年起唐山市先后出台政策性文件《唐山市推进供热计量工作实施方案》、《关于开展供热计量工作的指导意见》等，明确供热计量改造的目标任务、实施步骤和保障措施，用制度规范行为、靠政策调动积极性。多措并举，确保新建和既有居住建筑达到供热计量要求。严格新建住宅供热计量装置安装，加快既有节能住宅供热计量装置安装步伐，加大既有非节能居住建筑供热计量安装步伐，实行分层次推进。为避免新建筑供热计量欠账的问题，2007年，唐山市颁发了《关于加强供热管理的通知》，要求所有新建建筑必须安装供热计量及温度调控装置，加强监督管理，狠抓施工图设计审查和竣工验收备案，实现了热量表、温控阀与工程同步建设。为了指导改造工程设计、施工、验收、预算等技术应用和群众工作的开展，唐山市认真总结节能改造示范项目的经验，学习借鉴国际先进的改造理念、改造技术，结合本市的特点，组织开展了《既有居住建筑供热计量及节能改造设计指南》等6部《技术指南》的研究工作，取得了初步的成果，形成了一套完整的技术支撑体系。

注释：

1　http://finance.ifeng.com/topic/lianzufang/index.shtml。

第七章 展望与挑战

7.1 住宅建设展望

7.1.1 住宅供应与需求

2010年我国住房供应量将保持稳定增长。从住房市场分析，2008年楼市低迷，在此情况下开发商大大缩减了住房投资和建设；2009年房地产市场快速恢复上行，成交量价猛增，销售利好加上2008年住房建设量缩减，造成了住房市场上供应不足的局面。在此情况下，开发商会加大住房投资和建设，由于房地产开发有至少一年的周期，因此2010年的竣工量势必有所增长，住房供给量也随之增长。

从房地产开发企业分析，经过2009年的房地产市场回暖和快速上涨，房地产开发企业资金实力得到了加强，在2010年也会加大住房建设量和供给量。

从政府角度分析，近几年房价上涨过快，为了保障民生，中央政府更加重视和完善住房供给结构，增加保障性住房和中低价位商品房建设。尽管近年来国家加大了保障性住房、中低价位商品房的建设步伐，但从这几类住房占住房总供给的比重以及中低收入家庭的住房需求来看，我国保障性住房和中低价位商品房供应依然不足，建设步伐依然缓慢。因此，2010年国家会进一步加大保障性住房和中低价位商品房建设力度，增加供给。

从住房土地分析，2009年下半年以来，国土资源部加大"囤地"调查力度，住房和城乡建设部及地方政府采用各种方式督促房地产开发企业开工，这些举措也会加大2010年商品住房的供应量。

2010年我国投资型住房需求将会受到进一步抑制。2009年住房产市场回暖，房价快速上涨。为了抑制过快上涨的房价，政府将会出台更为严厉的宏观调控政策，打压住房投机、炒房现象，投资型住房需求将会受到进一步抑制。不过，严厉的住房宏观调控政策在打击、遏制住房投资型需求的同时，难以避免地也会误伤诸多合理的改善型住房需求。按照通常做法，大部分改善型需求的消费者都是先购买改善型住房，再把原先的第一套住房出售掉，这样他们在购买改善型住房的时候就会被视为"二套房"对待。2010年，政府出台的宏观调控政策必将以严格限制二套房贷首付款比例和房贷利率为主要手段。那些有改善型需求的消费者在面对较高的购房首付款比例和房贷利率的情况下，很可能会放弃原来的购房需求。

在政府严格抑制住房投机、控制房价过快上涨取得一定成效时，自住型住房需求会得到合理释放。

7.1.2 住房市场

2010年我国住房市场总体上仍将保持上升趋势，局部可能会有所波动，增速较2009年会有所回落。

在住房开发投资方面，投资将保持平稳增长，主要是由于以下原因：首先，国家经济形势企稳回升，房地产企业投资信心恢复，会进一步加大投资力度；其次，2009年以来房价上涨和销售回升将推动开发投资增加；第三，国家降低房地产开发项目资本金比例将降低行业融资门槛，增强开发商的投资能力；第四，住房销售的增加使住房库存大大减少，有限的库存将鼓励开发商加快投资；此外，政府对保障性住房的建设力度不断扩大，预计2010年房地产开发投资将继续保持较快增长。

在住房土地方面，2010年我国将加大土地供应量，尤其是加大对保障性住房用地的供应力度，调整土地市场供应结构。2009年12月14日，温家宝总理主持召开国务院常务会议，明确提出"适当增加中低价位、中小套型普通商品住房和公共租赁房用地供应，提高土地供应和使用效率"。据此可以看出，2010年土地市场供应结构有所调整，将增加保障性住房用地供应。同时，国家将重点防止和打击开发企业囤地，通过打击囤地，减少开发企业坐等土地涨价的心理，实现土地市场的有效供给，从而减缓土地价格增长速度。经营性住宅用地将进一步集中在品牌房地产开发企业及大型国企手中，同时企业联合拿地将成为一种趋势。中央五部委2009年12月17日联合发布《关于进一步加强土地出让收支管理的通知》，要求首次缴纳比例不得低于全部土地出让价款的50%，并在一年内缴纳全部土地出让价款。此项政策增加了开发企业资金压力，资金流不畅的中小房地产企业面临拿地困难；同时，面对总价高的地块时，开发企业会考虑联合拿地，如国企与国企联合、民企与民企联合等，土地储备进一步向资金实力雄厚的品牌企业及国有企业聚集。面对一线城市"天价"的地价，房地产企业将会转战二三线城市拿地，从战略上看，这些房地产企业也是为了拓展二三线城市的商业市场。

在一手住房市场方面，2010年受房价上涨和担心政策可能变化的预期，销售面积和销售额增速将会出现回落。一线城市住房交易量受高房价的影响会产生明显波动，但多数中西部地区特别是三四线城市，由于房价绝对水平和涨幅仍较低，交易量仍可能增长。总的来看，全国一手住房市场交易量总体上趋于平稳。随着货币政策趋紧，各地相继收紧二套房贷款政策，投资和投机性需求将受到一定程度的抑制，2010年上半年一手住房成交量将萎缩，但成交均价依然会在高位震荡。从区域城市来看，一线城市一手住房交易量受高房价的影响会产生明显波动，但多数中西部地区特别是三四线城市，由于房价绝对水平和涨幅仍较低，交易量仍可能增长，全国住房市场交易量总体上趋于平稳。2010年下半年，由于2009年新开工的面积会增加2010年下半年的住房市场供应量，加上2010年上半年市场销售量萎缩，开发商为了回笼资金，降价促销是较好的选择，成交量会随着价格的下降而上升。

在二手住房市场方面，随着住房制度改革的不断深入，二手住房市场增长潜力将更为巨大，发展空间也会更广阔。2010年二手房成交量将逐渐回调。2009年二手房成交量大幅增长，二手房库存量减少较快，不仅释放了2008年积累的市场需求，而且在某种程度上透支了2010年的市场需求。而且对二套房贷首付的严格限制和营业税政策的调整，可能对二手房成交量将产生显著的负面影响，加重市场观望气氛。因此，2010年二手房市场成交量将逐步回落。2010年不同城市二手房市场存在区域性差异，在一线城市，由于新房价格过高，二手房主导住宅市场的趋势将越来越明显；而在二线城市，将会出现新房和二手房齐头并进的格局；对于三线城市，二手房市场尚处于初步发展阶段。

在租赁住房市场方面，由于租赁住房市场受一手住房、二手住房市场影响较大，2009年一手住房、二手住房房价增长过快，2010年国家很可能会加大对楼市调控，这样一来，买房者持币观望，转购为租，租赁需求会突增，造成房租上涨，尤其在一线城市表现将会更突出。在楼市新政调控效力没有尽显、房价未见明显松动的情况下，购房者在观望、开发商在试探，这种僵局将进一步加剧租赁住房市场供需失衡。而僵局不变，预期不改，房租也不会轻易回落。房租上涨，对调整租售比、改善楼市整体环境，也有一定的好处。但房租涨得太快，对百姓民生会产生一定影响，因为租房子住的一般都不是富人。因此，需理顺楼市、包括租房市场的供求关系，加大供给力度，规范市场秩序，稳定市场预期。

7.1.3 住宅技术

2010年住宅的节能环保技术会将有新的发展，并在不同平台上得到展示。第六届国际绿色建筑与建筑节能大会暨新技术与产品博览会，将集中展示国内外绿色建筑、智能建筑、建筑节能和绿色建材等方面的新成果与应用成果。由住房和城乡建设部住宅产业化促进中心在2010年中国住博会推出的明日之家项目体现了在住宅方面的前沿探索。2010上海世博会集生态智能技术于一身的建筑"沪上·生态家"，是中国唯一一座入选城市最佳案例的项目。

这些项目和技术发展不仅有利于推动完善中国绿色建筑技术体系，还有利于推动探索适合国情的低碳生态城市建设发展模式。2010年深圳成为住房和城乡建设部与深圳市政府开展合作共建的第一个国家低碳生态示范市，希望在低碳生态城市建设、低碳生态技术建筑应用研发等方面积极探索，大力推进绿色交通、绿色建筑，促进深圳的城市发展转型和可持续发展，为全国的低碳生态城市建设发挥示范作用。同时，住房和城乡建设部把国家低碳生态区建设的最新政策和技术成果优先在无锡试验，引导相关项目优先落户无锡，并总结实践经验，向全国推广。在城市人居环境方面，山东省日照市荣获"联合国人居奖"是对日照市人居环境建设工作的充分肯定，同时也为我国乃至全球同类型城市的发展提供了成功范例。

2010年根据国办《关于促进房地产市场平稳健康发展的通知》，要求合理确定土地供应方式和内容，并探索土地出让综合评标方法，这对住宅规划和策划提出了新的要求。在住宅信息管理技术方面住房和城乡建设部以城市住房信息系统建设为重点，以房屋登记数据为基础，建立部、省、市三级住房信息系统网络和基础数据库，全面掌握个人住房的基础信息及动态变化情况，为科学制定相关政策提供技术支持，为实施房地产市场宏观调控政策、提高行业管理和社会服务水平创造条件。

7.2 住房政策前瞻

在我国严控住宅价格上涨的大背景下，2010年城市住房市场将以控制与引导为主，住房交易成交量有可能逐渐下降并在低位徘徊，房价有下行的可能。完善住房保障制度和调控住房市场发展将是2010年我国城市住房政策的两条主线。2010年是政策性住房任务落实的关键年，我国城市住房政策仍然将以政策性住房相关法规的制定和完善为主。同时，面对国内大中城市住房价格的过快上涨，中央将采取更为严格的措施对住房市场进行调控，以抑制住房价格的进一步上涨。

7.2.1 政策性住房建设将加快

政策性住房建设将是2010年我国住房政策的重要落脚点，中央及地方各级政府将对政策性住房建设规模和任务的落实进一步进行严格的规定，明确中央和地方的职责。住房公积金的进一步开发利用将从试点走向经验推广，各级地方政府可将部分闲置公积金用于政策性住房的建设，或者用于支付中低收入阶层的房租等。2009年，住房保障成为我国住房政策的新热点和新焦点，住房保障惠及的人群也不仅限于城市户籍人口，外来人口的住房需求已经开始得到各地政府的重视，在2010年，将有更多的城市为外来人口提供公共租赁住房。

在接下来的一年中，廉租房的建设将着重于指标的落实及覆盖面的扩大。经济适用住房将设立更为严格透明的准入机制和退出条件，以避免个别中高收入者享受经济适用住房现象的出现。限价商品房的建设规模进一步扩大，试点城市进一步增加，以满足中等收入阶层的购房需求。而公共租赁住房将作为政策性住房体系中的新成员迅速占据较大的份额，用以解决中等收入阶层的居住问题。政策性住房的建设将对整个住宅市场的运行产生深刻的影响，中低收入者居住需求问题的进一步解决将在一定程度上抑制商品住房价格的快速上涨。

7.2.2 住房市场调控

"二套房贷"在近几年来经历了反复调整的过程，伴随着国家规范住房市场政策的实施，"二套房贷"政策的走向也将进一步明朗，对"第二套房"的认定也急需推出"国家标准"或"地方标准"，以贷款为标准还是以家庭为标准认定"第二套房"将成为政策制定的焦点。可以预见的是，"第二套房"的认定将进一步明确，"二套房贷"的发放也将相对以前更为严格。至于第三套及其以上新购商品房的贷款申请将更加严格，并且有可能在一定时期内冻结第三套及其以上住房的贷款业务。

小产权房作为我国城乡二元用地结构背景和城市住房价格快速上涨前提下产生的一种特殊城市住宅，已经成为城市发展和土地经营的一个重大障碍。小产权房的存在在一定程度上干扰了正常住房市场的运营和维系，如何解决历史遗留小产权房问题将成为2010年中央和地方政策研究和制定的重点。同时，禁止新建小产权房的政策将继续严格执行。一手房和二手房的销售和交易政策也将进一步规范，开发商和房地产中介在住房交易中的角色进一步明晰，将建立更为规范透明的住房预售制度。

7.2.3 住房价格将进一步受到适当抑制

物业税和房产税是近年来理论界和各级政府讨论的热点，初衷是通过这两种税的征收来抑制投资性和投机性购房需求，从而抑制住房价格。在中央调控住房市场，控制住房价格过快上涨的政策取向下，房产税改革有可能成为未来我国住房政策改革的重要方向。如何充分发挥税收对住房消费的调节作用是政策研究和制定的主要内容。房产税的征收对住房市场中投资性和投机性的需求将产生较大的打击作用，并将影响对未来住房价格的预期。

抑制住房价格过快上涨需要多部门协调和综合性的政策手段。解决问题的根本在于加大政策性住房的建设规模，缓解广大中低收入阶层的居住困难。同时，要继续扩大中小套型普通商品住房的供给，国家要出台相关政策激励开发商建设普通商品房，鼓励居民购买自住型住房。还要运用土地政策、利率政策等经济和金融手段对住房市场进行调控。最后，要进一步规范房地产市场秩序，打击闲置土地、哄抬房价等违法行为。保持政策执行的持续性和政策制定的地方性，只有这样才能有效抑制城市住房价格的过快上涨。

参考文献

[1] 张琦,裴越芳.2008年奥运后北京房地产价格变动走势预测[J].北京社会科学,2008(4):4-9.

[2] 肖道刚,徐长乐.世博经济对上海房地产业发展的影响分析[J].城市,2008(1):65-67.

[3] 顾庆冲,李玉琼.火车站商圈开发思路实证研究[J].管理观察,2009(1):72-73.

[4] 王腾,卢济威.火车站综合体与城市催化——以上海南站为例[J].城市规划学刊,2006(4):76-83.

[5] 翟志国.浅议天津滨海新区房地产价格[J].经济师,2008(7):230-231.

[6] 武岳.天津滨海新区应成为创建住房信贷银行的先行者[J].房地产金融,2007(8):69-70.

[7] 季雪."小产权房"的问题、成因及对策建议——基于对北京地区实情的考察[J].中央财经大学学报,2009(7):65-69.

[8] 汪孝宗,贺娇.北京变种的"小产权房"[J].中国经济周刊,2009(24):22-24.

[9] 王彦.小产权房问题现状及对策研究——以河北省石家庄市为例[J].河北青年管理干部学院学报,2010(1):73-78.